Lisi Schuur
und
Eike M. Falk

Streifzüge

© 2016, Lisi Schuur und Eike M. Falk

Herstellung und Verlag:
BoD - Books on Demand, Norderstedt
ISBN 978-3-7412-9963-6

Eike:

Streifzüge

Wenn du einen Stein
ins Wasser wirfst
wird er Kreise ziehen
die weiten sich aus
die können
ins Unendliche gehen

Streifzüge
das heißt
sich auszuweiten
den Horizont zu überschreiten
meinen eigenen
den Größeren auch
auch deinen
in meinen Augen
zu finden
gemeinsam
einen weiteren Schritt zu wagen
es könnte
der Entscheidende sein

wir werden sehen

wir werden gehen
wir werden sehen

Lisi:

Streifzüge

Im Zug des Lebens
auf Entdeckungsreise gehen
was gibt es noch
fragen
genauer betrachten
was lange her
etwas streifen
was vielleicht
sonst nicht
aufgefallen wär

eine Taschenlampe reicht
wie als Kind mit dem Buch
unter der Bettdecke

nah und fern
erkunden
und sich selbst

Eike:

Der Welt Fragen stellen.
Es ist früher Morgen. Ich trete aus dem Haus.
Ob es wohl regnen wird?
Ob ich den Bus noch erreiche?
Ich habe mich verspätet. Weil die
Kaffeemaschine rumgesponnen hat.
Aber nein. Das war ich.
Ich habe vergessen sie einzuschalten.
Weil mir zehn Dinge auf einmal durch den
Kopf geschossen sind.
Wie schön der Hahnenfuß blüht.
Was macht eigentlich die Amsel da in der
Regenrinne?
Ach ja, natürlich, Regenwürmer suchen.
Nun wird es aber höchste Zeit.
Sonst fällt mir am Ende gar ein roter Schuh
auf den Kopf.
Und was dann?

Lisi:

Der Welt Fragen stellen.
Tausend Fragen mindestens.
Ob dieses oder jenes richtig ist.
Aus der Politik. Ohne Politik. Lobbys.
Grenzen. Flüchtlinge. Brexit. Trump.
Parteien. EU. Erdteile. Blaue Plakette.
Feinstaub. Monarchie.
Nein. Nichts von alledem.
Ich möchte nur eins wissen.

Descartes, den ich anspreche, kann mir nicht
mehr antworten.
Er jedenfalls hat den berühmten Satz
gesprochen.
Cogito, ergo sum / Ich denke, also bin ich.
Da er nicht mehr lebt, stelle ich die Frage an
den, der sie hören möchte.
Wenn ich nicht denke, bin ich dann auch?

Eike:

Ich kenne mich nicht aus.
Hat Wittgenstein gesagt.
Ich kenne mich manchmal auch nicht aus.
In meinem Stadtteil, meine ich, kenne ich
mich ganz gut aus.
Doch dann hat mich jemand angesprochen
und nach einer bestimmten Straße gefragt.
Und mir war die Straße entfallen. Ihr Name.
Und wo sie lag.
Dabei steht dort ein Ahornbaum.
Und warum man einen Daiquiri aus solch
einem Glas trinkt, und die Bloody Mary aus
jenem, ist mir auch nicht geläufig.
Darüber könnte ich mir Gedanken machen.
Sollte ich vielleicht unbedingt.
Selbstverständlich auch über den roten Schuh.
Denn irgendetwas stimmt daran nicht.
Hatte es sich nicht vielmehr um einen
silbernen Schuh gehandelt?
Und ist nicht alles ganz anders gewesen?

Und wieso stelle ich überhaupt solche
Überlegungen an? Was treibt mich dazu?

Lisi:

Was mache ich eigentlich, wenn ich nicht
denke?
Wahrscheinlich schlafe ich. Oder schaue
jemandem zu.
Ob ich beim Kartoffelschälen auch denke?
Ich bin mir sicher. Ja.
Meine Mutter musste nicht denken beim
Kartoffelschälen. Sie hat das täglich gemacht.
Und automatisch richtig.
Ich mache es ganz selten. Und denke jedesmal
dabei.
Weil ich mir immer sagen muss: schäl nicht so
dick. Es bleibt sonst nichts übrig von der
Kartoffel.
Aber meine Mutter hat nicht gedacht dabei.
Sie war aber doch da.
Aha. Descartes widerlegt.
Nein. Irrtum meinerseits.
Descartes hat ja nur gesagt: Ich denke, also
bin ich.
Er schließt ja damit nichts aus.
Ich hab also etwas untersuchen wollen, was
Descartes nie in Zweifel gezogen hat.
Ich hab mich richtig verdacht.
Ich denke, also bin ich.
Ich denke nicht, also bin ich.
Ich existiere, also denke ich oder nicht.

Oder existiere ich gar nicht?
Woher weiß ich, dass ich existiere?
Nicht, dass ich es mir nur einrede...
Ach was. Ich weiß es genau. Ich existiere.
Ohne zu existieren, könnte ich nicht denken.
Ich könnte es mir nichtmal einreden.
Denn um mir etwas einzureden, muss ich da sein. Also, ich bin erleichtert.
Es gibt mich. Obwohl, da tut sich ja neues Unheil auf.
Es gibt mich, klar. Aber wer bin ich genau?
Wer denkt da? Wer ist das denkende ich?
Bin ich es ganz? Ist es ein Teil von mir?
Und du, dein roter Schuh, der vielleicht silbern war.
Was ist, wenn der blau ist, wenn ich ihn sehe?

Eike:

Dann ist er eben blau. Vorstellen kann man sich vieles.
Und ausdenken.
Ich denke mir den Kugelschreiber.
Und der sagt: 'Ich denke nicht. Also bin ich ein Kugelschreiber.'
Ganz schön raffiniert.
Weil, indem der Kugelschreiber das ausspricht, hat er gedacht.
Und ist nicht nur ein denkender Kugelschreiber, er ist ein Kugelschreiber, der rückwärts denken kann.
Oder wie war das jetzt?

Egal.
Ich bin. Also denke ich.
Die Katze, der Maulwurf, die Kellerassel.
Sie sind. Und sie denken.
So wie ich.
Und es ist mir egal, ob ich bloß von jemandem geträumt oder in der Retorte geschwenkt werde.
Ich bin. Das ist eine unumstößliche Tatsache.

Lisi:

Kann man nur das denken, was man sich vorstellen kann?
Und wenn es so ist. Wie schade ist das dann.
Man muss also möglichst viel wissen, um sich viel vorstellen zu können.
Aber dann ist man eigentlich denkverdorben.
Es bleibt immer in den gewussten Bahnen.
Viel schöner wäre es, wenn man wenig weiß.
Aber dafür einen ungeheuren Einfallsreichtum besitzt.
Ich kenne mich nicht aus. Weiß aber aus der Not eine Tugend zu machen.
Denn ich besitze Phantasie.
Weiß ich eine Lösung nicht. Ärgere ich mich nicht. Sondern bezeichne die Aufgabe als unlösbar.
Und schon bin ich raus aus der Bredouille.
Wenn andere die Aufgabe lösen, ist das prima.
Sie hatten das Vermögen dazu.

Ich hätte sie gar nicht lösen können. Also, kein Grund zur Aufregung.
Und der Kugelschreiber ist richtig klug. Denn würde er sich als denkend bezeichnen, hätte er ein Problem. Denn nur weil er denkt, muss er ja kein Kugelschreiber sein.

Eike:

Ich denke in Worten.
Meine Worte wissen etwas zu sagen.
Denken ist Lernen.
Ich habe mir die Sprache angeeignet.
Ich habe Wissen erworben.
Denken ist ein beständiges Lernen.
Ich denke weiter.
Ich denke nach.

Lisi:

Für Plato ist Denken das Gespräch der Seele mit sich selbst. Ich schließe mich Locke und Hume an. Für sie ist der Stoff des Denkens die sinnliche Wahrnehmung. Das Denken selbst ordnet alles ein.
So seh ich es auch. Unsere ganzen Wahrnehmungen müssen verarbeitet werden. Das geschieht durch unser Denken.
Das Denken kann auch fehlerbehaftet sein. Das ist nur natürlich. Man kann sich irren beim Sortieren.

Das wird auch Wissenden passieren.
Denn niemand ist allwissend.
Außer einem. Der sagt es von sich.
Er ist allmächtig und allwissend.
Nur passt das leider nicht zusammen.
Gott hat sich selbst ins Fettnäpfchen gesetzt.
Wenn er allwissend ist, weiß er bereits wie er
sich entscheidet, und kann deswegen seine
angebliche Allmacht nicht mehr einsetzen.
Jetzt hat mich das Denken also zu Gott
geführt. Und mein Denken hat ihn sofort in
Frage gestellt.
Welchen Denkfehler hab ich begangen?

Eike:

Also, mich darfst du das nicht fragen.
Ich bin da ganz bei den Katzen, Maulwürfen
und Kellerasseln. Obwohl die Kellerasseln
vielleicht den Durchblick haben.
Über Gott denke ich niemals nach. Es sei
denn, was sehr selten geschieht, dass mich
jemand fragt, ob ich an ihn glaube. Dann sage
ich: 'Nein, aber ...', und deute an den Himmel
oder an die Zimmerdecke, als ob sich dort eine
Antwort finden ließe.
Dass das Denken unsere Wahrnehmungen
verarbeitet ist eine Selbstverständlichkeit.
Viel interessanter erscheint mir die Frage,
inwiefern sich das Denken seine eigene
Wahrnehmung schafft, und ob das Denken
nicht überhaupt erst aus der Wahrnehmung

entstanden ist als ein Mechanismus, der von außen eindringende Reize verarbeitet.
Und im Laufe der Evolution hat es sich zu dem entwickelt, was es heute für uns Menschen ist.
Und wenn wir weit in die Zukunft vorausblicken, und sofern wir als Gattung lange genug durchhalten, werden wir uns zu wahren Denkmaschinen umgestaltet haben.

Lisi:

Gibt es ein gerechtes Urteil?

Eike:

Ein Urteil.
Au weia!
Ich denke daran ein Urteil zu fällen.
Und fühle mich unbehaglich.
Und dann soll es auch noch ein gerechtes Urteil sein.
Eine Unmöglichkeit.
Wie auch immer.
Nimm die Justiz.
Dort wird bekanntlich Recht gesprochen.
Mit Gerechtigkeit hat sie nichts am Hut.
Wir sind keinen Deut besser.
Wir alle nicht.
Und doch urteilen wir jeden Tag.
Dutzendfach.
Wir sind wandelnde Urteilsfabrikanten.

Urteilen hier. Urteilen da.
Die Wurst taugt nichts.
Der Lehrer taugt erst recht nichts.
Wir sind mit unseren Urteilen schnell bei der Hand.
Unbedacht, unreflektiert.
Und dabei soll dann auch noch Gerechtigkeit walten?
Ein Unding.
Das gerechte Urteil ist ebensowenig unsere Sache wie die Gerechtigkeit.
Obwohl wir letztere so gerne beschwören.
Die Gerechtigkeit ist eine Utopie.

Lisi:

Ein Urteil zu fällen ist die schwierigste Sache überhaupt.
Ich verstehe nicht, warum man oft so oberflächlich damit umgeht. Ein gerechtes Urteil kann es meiner Meinung nach nicht geben. Dazu fehlt das Hintergrundwissen. Und selbst wenn man behauptet genügend davon zu haben, ist es subjektiv eingefärbt. Weil schon Objektivität eine Utopie ist. Und die Gerechtigkeit, da schließe ich mich dir an, ist eine weitere Utopie.
Ein Urteil muss gültig sein. Es muss alle weiteren Möglichkeiten ausschließen.
Allerdings möchte ich einen Unterschied machen.

Wenn es darum geht, Dinge zu beurteilen,
wird oft ein gerechtes Urteil möglich sein.
Wenn Fachwissen vorhanden ist, sollte es
funktionieren.
Aber selbst dann, wird es Urteile geben, die
falsch sind. Weil jeder auf etwas anderes Wert
legt, und dadurch sein Urteil doch wieder
subjektiv wird.
Ich kann mir nicht vorstellen Richter zu sein.
Weil man Menschen verurteilen muss.
Obwohl auch der Richter weiß, dass er
daneben liegen kann. Ich könnte nicht damit
leben, einen Menschen zu verurteilen, wenn
ich genau weiß, dass ich mich irren kann.
Andererseits, wie oft beurteile ich, und nehme
es ohne nachzudenken auf mich, voll daneben
zu liegen.
Ich kann den anderen zwar nicht zu
Gefängnisstrafen verurteilen, aber ich kann
ihm sehr wehe tun.
Deswegen habe ich mich verändert im Laufe
der Zeit.
Zögerlich bin ich. Entscheidungsschwach, sagt
ein anderer vielleicht dazu.
Ich selber nenne es nachdenklich. Abwägend.
Langsamer zu einem Schluss zu kommen. Zu
einem Entschluss. Weil ich so viel bedenken
muss, wird es immer schwieriger.
Und oft laufe ich Gefahr, über zu viel
Verständnis für den Täter, das Opfer zu
vergessen.

Eike:

Wir haben es mit zwei Begriffen zu tun, die wir sorgsam auseinander halten sollten.
So sehe ich das.
Die Gerechtigkeit ist eine menschengeschaffene Vorstellung.
Darum haben wir sie wohl beide gleich als utopisches Gebilde ausgemacht.
Das war eine erste spontane Einschätzung.
Ein Unbehagen hat sich eingeschlichen.
Zurecht, wie ich finde.
Denn was bedeutet Gerechtigkeit?
Einen Zustand zu erreichen, der allen gerecht wird.
Nein, wie soll das denn gehen?
Einer träumt von der gerechten Welt.
Ein anderer davon, dass ihm endlich Gerechtigkeit widerfährt.
Und jeder wird es mit guten Argumenten zu begründen wissen.
Und sofort wird jedem der beiden ein Gegenspieler aus dem Boden wachsen.
Der ganz anderer Meinung ist.
Mit ebensoguten Gründen.
Und schon hat es sich erledigt.
Es gibt die persönliche Vorstellung von dem, was Gerechtigkeit ist.
Eine für alle gültige Gerechtigkeit gibt es nicht und wird es niemals geben.

Lisi:

Wenn wir etwas behaupten, urteilen wir auch. Vielleicht habe ich immer nur grünes Gras gesehen. Also ist für mich klar, das Gras ist immer grün. Ein anderer kennt auch verwelktes Gras. Er hat also schon mindestens zwei Farben im Kopf.
Das Urteil hängt also vom Wissen ab. Je mehr ich weiß, umso besser kann ich urteilen.
Es hängt aber auch von der Art zu denken ab. Bin ich tolerant, akzeptiere ich den tätowierten Menschen. Ein anderer sieht in ihm ein asoziales Wesen, das sich mit heruntergekommenen Personen einlässt, die so sind wie der Tätowierte.
Die Beurteilung fällt also sehr unterschiedlich aus. Und jeder findet eine Begründung, die ihm zu Hilfe kommt.
Gäbe es nur Menschen, die zögerten mit ihrer Beurteilung, wäre das auch nicht erstrebenswert.
Es kann ja nur dann ein Ergebnis geben, wenn etwas zur Debatte steht.
Dann können sich die Geister scheiden. Dann wird etwas mehr Licht ins Dunkel gebracht. Obwohl, das Letzte ist so nicht richtig. Man muss ja nicht sofort urteilen.
Man kann auch etwas 'zu bedenken' geben. Es zur Diskussion stellen, und sich abschließend ein Urteil bilden.

Eike:

Sich ein Urteil bilden.
Eine Meinung vertreten.
Die Meinung des anderen akzeptieren.
Einen offenen Austausch führen.
Eine Idealvorstellung.
Die schwer zu erreichen ist.
Denn irgendwo wird man immer beharren.
Auf seiner Meinung, seiner Wahrheit
bestehen.
Die schließlich hart erkämpft ist.
Nicht wahr?
Davon werde ich doch nicht abweichen!
'Objektiv betrachtet ...'
Erst kürzlich hat mir jemand erzählt, dass er
den Zauberberg unerträglich findet.
Wegen dem ganzen vielen Gesabbel.
Ich war nicht nur empört, ich war schwer
beleidigt.
Weil ich den Zauberberg über alles liebe.
Nicht zuletzt wegen des Gesabbels, ich würde
es geistreiche Plauderei nennen.
So kann es gehen.
Und bitteschön, jeder bildet sich sein eigenes
Urteil.
Aber akzeptieren tu ich das doch nicht.
Nie im Leben :-)

Lisi:

Zu einer geistreichen Plauderei gehören mindestens zwei.
Und was nützt es, wenn der eine von ihnen geistreiche Höhenflüge unternimmt, denen der andere nicht folgen kann.
Also, selbst der Geist ist nicht unabhängig, wenn er wahrgenommen werden möchte.
Und man kann durchaus bei seiner Meinung bleiben. Selbst wenn sie falsch ist. Immer schön mit dem Kopf durch die Wand. Na und, muss dich ja nicht stören, ist ja mein Kopf ...
Wenn ich überzeugt bin, dass die Meinung des anderen falsch ist, obwohl 'ich ihn mit der meinen erleuchtet habe', hat mich das früher echauffiert. Heute gehe ich meistens mit einem Lächeln darüber hinweg.
Wohlwissend, dass der andere sich darüber wiederum aufregt.
Aber, doch, es ist schon so, dass ich meine Meinung rigoros verteidige, wenn ich sie absolut richtig finde.
Doch das kommt nicht mehr sehr häufig vor. Ich habe schließlich dazugelernt. Ich beschrieb es ja. Es gibt immer mehr zu bedenken, bevor ich urteile.
Und akzeptieren kann ich gut. Wenn ich überzeugt bin falsch zu liegen, fällt es mir überhaupt nicht schwer, die Meinung des anderen zu akzeptieren und auch zu

übernehmen - wenn sie denn überhaupt richtig ist :-)
Und das muss ja zunächst von mir überprüft werden!

Eike:

Da ist wohl der kritische Geist gefragt.
Der auf der Suche nach der Wahrheit ist.
Obwohl ...
Kann ein Geist, der kritisch ist, überhaupt nach Wahrheit fragen?

Lisi:

Gerade der kritische Geist kann nach Wahrheit fragen.
Ein anderer kommt gar nicht darauf.
Er nimmt entweder alles hin, oder lehnt ab, weil es ihm nicht in den Kram passt.
Das sind übrigens glückliche Menschen.
Sie hinterfragen nichts und glauben fast alles.
Einfach so.
Weil man ihnen beigebracht hat, dass alles richtig sei, was ihnen beigebracht wird.
Sie akzeptieren den, von dem sie meinen, dass er über ihnen steht, und sehr schlau sei.
Der kritische Geist stellt in Frage, und versucht eigene Antworten zu finden.
Wenn er sie nicht findet, wird er alles dafür tun sich zu informieren.

Im Falle der Wahrheit ist es einfach.
Es gibt viele Wahrheiten.
Nur die eine gibt es nicht.

Eike:

Ich habe gegrübelt.
Ich habe das Wort 'Wahrheit' in den Mund genommen.
Ich habe das Wort 'Erkenntnis' in den Mund genommen.
Ich habe geschmeckt.
Ich habe einer Wolke hinterhergeschaut.
Die war wie eine Luftschlange, die zu Boden sinkt.
Ich habe eine Amsel beobachtet.
Ich bin beim VerstehenWollen hängen geblieben.
Ja. Ich will etwas verstehen.
Ich will etwas von der Welt verstehen.
Ich will etwas von mir verstehen.
Immer nur ein kleines Stück.
Ich will nicht ungeduldig sein.
Nicht mehr.
Früher habe ich eine Antwort gefordert.
Ohne überhaupt eine Frage gestellt zu haben.
So kommt es mir vor.
Aber dieses Früher, das ist lange her.
Darum könnte ich mich täuschen.
Und war weniger ungebärdig als ich es mir heute denke.
Wahrscheinlich ist es so.

Ganz sicher ist es so, dass ich irgendwann
einfach nur das Leben angenommen habe.
Ja, ich habe gelebt ohne mir großartig Fragen
zu stellen.
Ich habe gelebt ohne das Leben zu
hinterfragen.
Das war eine großartige Zeit.
Dann, wie aus dem Nichts, tauchten die
Fragen wieder auf.
Ich bombardierte mich damit.
Und verkrampfte dabei.
Es kam mir vor wie eine Ewigkeit.
Doch nun, ganz langsam, löst sich die
Spannung.
Und ich kann erneut Fragen stellen.
Kleine Fragen sind es geworden.
Und immer eine zur Zeit.
Nichts kann mich mehr schrecken.
Weder das Sein noch das Nichts.
Ich folge dem VerstehenWollen.
Behutsam.
Mit einem Lächeln im Gesicht.
Und stelle mir eine weitere kleine Frage.
Die nach der Wahrheit, die es nicht gibt.
Du musst es mir nicht beantworten.
Lass mich nur selbst darauf kommen.

Lisi:

Dem schließe ich mich an.
In kleinen Schritten, alles zu seiner Zeit.

Was sich nicht in Frage stellt, erfordert keine
Erklärung.
Was mich fragt, dem kann ich antworten.
Ich kann ihm auch ausweichen. Weil ich Angst
vor der Antwort habe.
Weil ich mich nicht beschäftigen möchte
damit.
Es gibt Fragen, die ich nicht beantworten
kann.
Obwohl ich versuche Antworten zu finden.
Dann ist das so. Ich kann es nicht ändern.
Wenn mir nicht durch glückliche Umstände
doch noch eine Antwort zufällt, werde ich
damit leben müssen. Das ist nicht tragisch.
Ärgerlich vielleicht. Aber ein Ärger kommt
und geht.
Vielleicht ärgert mich das, was ich heute so
wichtig finde, in einiger Zeit gar nicht mehr.

Eike:

Das ist wie mit der Liebe.
Aus der wird man auch nicht schlau.
Die macht einen auch nicht klug.
Die lässt einen ohne Antworten im Regen
stehen.
Das ist der völlig egal.
Die Liebe, das ist eine Göttin, ringellockig, mit
schmachtenden Kulleraugen.
So eine ist das.

Die räkelt sie sich auf ihrem Himmelbett und
lacht sich scheckig, wenn sie uns die bitteren
Tränen des Liebeskummers vergießen sieht.
Mal im Ernst.
Wie soll man da zu Potte kommen?
Weder schlau noch klug. Gewissermaßen.
Ich meine, nächtens durch finstere Parks zu
toben, die Igel und die Eulen zu erschrecken
mit seinen 'Achs' und 'Ohs', das kann doch
nicht vernünftig sein.
Und was der Mond erst denken soll.
Nur - warum tut man das?

Lisi:

Das meinst du im Ernst?
wenn du versuchst
einer Göttin mit Vernunft
beizukommen
hat der Mond allen Grund zu lachen
er steht seit Ewigkeiten da
- gerade nachts
wenn es Igel und Eulen
gerne dunkel haben -
und versucht
die Liebenden zu erleuchten
mal genauer hinzusehen
sie jedoch
werden immer blinder
er hat es längst aufgegeben
vor allem aber
weil er keine ringellockige Göttin kennt

Eike:

Ja. Da muss ich mich wohl geirrt haben.
Glücklicherweise ist ja jetzt Sommer, und
länger hell.
Da könnte ich Erleuchtung suchen gehen.
Bleibe aber unbedingt im Biergarten hängen.
Unten am Fluss.
Da ist die Schleuse. Ein aufgestauter See.
Da ist es schön.
Selbst mit Liebeskummer.
Da schreibe ich dann ein trauriges Gedicht.
Das kann ich gut.
Und wenn ich glücklich liebe?
Könnte ich doch ein Liebesgedicht schreiben.
Das trau ich mich aber nicht.
Weil ich denke, dass es unbedingt kitschig sein
werde.
Dass Liebesgedichte von Natur aus kitschig
sein müssten.
Das erbost mich dann so sehr, dass ich mich
ordentlich betrinke.
Heimwärts wanke.
Und am nächsten Morgen mit einem fetten
Kater aufwache.
Und mir den Liebeskummer zurückwünsche.
Das ist doch kein Zustand.
Das kann doch kein Zustand sein.
Da wünsche ich mir dann jemanden, der für
mich das Denken übernimmt.
Halt!
Habe ich das jetzt geschrieben?
Ja.

Und ich lass es stehen.
Als Mahnung.
Als Ansporn.
Oh Mann!
Ob ich das wohl hinkriege?
Ein NichtKitschiges Liebesgedicht.
Ich könnte es ja auch mit einem Liebesbrief versuchen.
Na Logo.
Ich werde mich mal versenken.
Also - in mich hinein, nicht in die Schleuse.
Ich gebe erstmal weiter.
Zum Sein.
Oder zum Nichts.
Jedenfalls zu dir.

Lisi:

Ein NichtKitschiges Liebesgedicht
entsteht immer dann
wenn die Liebe erwidert wird
man packt das Gedicht
in Seidenpapier
und bindet ein rosa Schleifchen drumrum
und ausgepackt legt es sich dann
dem andern in das Herz
und das versteht auf jeden Fall
worum es geht
denn überall
guckt Liebe raus

ist wie
ein schöner Blumenstrauss
aus Liebesworten
die nur für den Liebsten bestimmt

Eike:

Ja.
Also.
Ich will dir mal was sagen.
Manchmal machst du mich richtig ärgerlich.
Du stellst mysteriöse Fragen. Auf die es keine
Antwort gibt.
Du weißt, dass der Mond über uns lacht.
Und was er so denkt.
Na. Jedenfalls behauptest du das.
Und dass sich rosa Schleifchen um Herzen
schlingen.
Ach nee - das war ja das Gedicht.
Und das rosa Schleifchen wandert ins
Körbchen.
Um einer späteren Wiederverwendung
zugeführt zu werden.
Duuuu - ich merke mir das.
Das rosa Schleifchen kriegst du zurück.
Außerdem liegt es in keinem Körbchen.
Ich habe es ans Bücherregal gehängt.
Da hängt es jetzt dem Boris Vian zur Seite.
Was aber reiner Zufall ist.
Es hat sich so ergeben.
Nachher werde ich es zur Achmatowa hängen.
Wenn ich nicht mehr ärgerlich bin.

Der Ärger verschwimmt sich.
In der Badewanne.
Da stand ich eben im Begriff Sekt einlaufen zu lassen.
Duuuu - die Kassiererin hat vielleicht gekuckt!
150 Flaschen habe ich gekauft.
Alsooo - diese Blicke!
Ein Elend, sage ich dir, ein Elend ist das.
Wie können Menschen nur solch böse Dinge denken.
Siehst du, nun weiß ich auch mal was.
Da bin ich wieder zufrieden.
Außerdem hast du gesagt, dass es nicht auf alles eine Antwort braucht.
Und das stimmt. Das stimmt unbedingt.
Manchmal reicht es, sich einfach so Gedanken zu machen.
Spinnerterweise.
Dem Leben und der Liebe zuwillen.
Wenn man die ganze Welt umarmen möchte.
Und in Sekt ertrinkt.

Lisi:

da zwingt mich doch etwas
sofort zu schreiben
alsoo
könnte das Schleifchen
nicht neben Boris Vian
bleiben
du wolltest es doch
mir retour

und nur deswegen
wär es mir Recht
ein wenig von
Boris zu atmen
ich weiß ja doch
ich weiß
die andere
die du genannt
ist erste Sahne
und Boris Vian
hielte sich mit ihr womöglich auf
er spuckte ihr auch nicht
auf's Grab
ich weiß es aber nicht
du siehst
ich weiß noch längst nicht alles
im Falle eines Falles
aber
nähm ich ein Bad im Sekt
direkt im Anschluss
könnten wir
die ganze Welt umarmen
obwohl
da wär ein gutgekühltes
Bier
ja auch nicht schlecht
jetzt bin ich merklich überfragt
wie soll ich mich entscheiden
und dein Gesicht sieht auch
schon leidend aus
da fällt mir ein

du trinkst viel lieber Wein
und Boris Vian
hätte mitgetrunken
ich bin mir sicher

und die Trompete geblasen

Eike:

Ist gut.
Ist gut.
Das Schleifchen bleibt wo es ist.
Boris Vian hat sein Stück zu Ende gespielt.
Nun setzt er sich an den Tisch, wo Miles Davis
auf ihn wartet.
Was die beiden sich erzählten weiß ich nicht.
Es war nichts mehr zu verstehen.
Damals haben immer irgendwelche Leute
Lärm machen müssen.
Nicht aber Juliette Gréco.
Die wie träumend am Klavier sitzen geblieben
war.
Und Vian?
Warum ihn seine Frau wegen dem verkropften
Sartre verlassen hat, ist mir ein Rätsel.
Nun ja - der Ruhm der späten Jahre.
François Hollande soll ja auch ganz sexy sein.
Stimmt das eigentlich, dass für die
Existenzialisten die Existenz dem Sein
vorausgeht?
Das hat Vian bestritten.
Nachdem seine Frau weg war.

Für mich gibt es kein Sein.
Hat er gesagt.
Man existiert.
Ohne zu werden.
Falls ich das jetzt richtig interpretiere.
Sag mal, was haben die damals eigentlich so getrunken?
Beziehungsweise nicht nur sondern auch.
Corydrane und später Mescalin. Was Sartre betrifft.
Kurz darauf war er jenseits von Gut und Böse.
Und in den Händen von Andreas Baader gelandet.
Wie der den alten Mann wohl vollgelatschert hat?
Das konnte er.
Mehr aber nicht.
Darum zurück zu Boris Vian.
Oder auch zu den Existenzialisten.
Falls du überhaupt Lust dazu hast.

Lisi:

Was mir ja wirklich ins Auge sticht
das heisst stechen ist übertrieben
eher fährt es auf einer Vespa
ist das 'sexy sein' des François Hollande
das treibt mir die Tränen in die Augen
vor lauter Lachen
da kann man mal sehen
was Freiheit bedeutet
hätte Sartre eine Vespa gehabt

hätte er sich womöglich
anders über die Freiheit geäußert
aber weil er ohne Vespa war
hat er sie begrenzt
die Freiheit
netterweise jedoch
hat er hinzugefügt
man könnte sich aber nie daran stoßen
an den Grenzen der Freiheit
weil man sie nie erreicht
du fragst nach Getränkevorlieben
Sartre trank gerne Fruchtsäfte
jetzt staunst du
aber weiter hab ich ja nichts gesagt
gequalmt hat er auch
der Scotch bekam dadurch
eine rauchigere Note
denk ich mir

na ja
je weiter ich mich entferne
desto unaufregender wird alles
das hat nicht etwa Sartre oder Vian gesagt
das kam von mir
mein Bewusstsein hat einen Höhenflug
gemacht
wie man sieht
mein für sich
ist an sich
voll in Ordnung
finde ich

die Existenzialisten
bleiben das
was sie waren
für mich
die Welt und ich
sind zeitgleich
und ich hab die Verantwortung
für mich
und auch für dich
sagen sie
und ich
nicht

oder doch

ich überlege noch mal

Eike:

Du bist aber langweilig.
Das macht bestimmt die Hitze.
Da wird man träge.
Löffelt Eis.
Und wenn dann noch Sahne mit im Spiel ist ...
Und möglicherweise Eierlikör.
Und wenn man mit dem Eierlikör nicht
geizt ...
was du bestimmt nicht tust ...
dann beginnen Gedanken über die
Fließgeschwindigkeit von WasserLinsen bei
absoluter Windstille und 36° im Schatten eine
eigene Dimension anzunehmen.

Bei uns ist es ja nicht ganz so heiß.
Zum Glück.
Eine Großstadt, in der immer ein Wind geht,
hat schon einiges für sich.
Erst recht, wenn der Wind vom Meer kommt.
Da hat man dann auch einen Himmel.
Da wandern hübsche Wolken darüber hin.
Und eine Schildkröte schwebt dazwischen.
Aber gaaaaanz langsam.
Eine ziemlich große Schildkröte.
Die hat wirklich Zeit.
Und wir doch auch.
Da bin ich nun ganz bei dir.
Schau mal einer an.
Dabei wollte ich doch ...
ach ja - mit Albert Camus in verräucherten
Amsterdamer Kneipen rumsitzen.
Also - das hebe ich mir auf.
Für spätere Gelegenheiten.

Lisi:

in dem Zusammenhang
- und du bist schuld -
fällt mir ein Dandy
vor die Füße
Fürst Hermann von Pückler-Muskau
ich komm nur drauf
weil du von Eis und so
Albert Camus
war auch so einer
gibt allen die Schuld

treibt sich
in 'Mexiko City' rum
und sagt dort
er hieße Clamans
und spielt sich als Richter auf

Obwohl

Camus
er hatte was
so was Absurdes
selbst sein Tod
ihm
konnte er nicht entrinnen
weil sein Schicksal
ihm gehört
wie
Sisyphos
dem der Fels
seine eigene Sache war

Eike:

Der Fürst Pückler.
Ja. Wunderbar.
Da gibt es einen Asteroiden, der nach ihm
benannt wurde.
Dem Rastlosen.
Das passt schon.
Immer unterwegs.
Auf der Suche nach einer reichen Erbin.
Mit dem Fesselballon.

Bis zu den Nilkatarakten.
Im Aufbruch.
Losgelöst.
Wie Sisyphos' Stein.
Immer in Bewegung bleiben.
Auch die Zeit.
Ich denke, sie vergeht nicht.
Schon ist sie vergangen.
Tage, die zusammenrücken.
Bald werden sie sich auf den Füßen stehen.

Lisi:

Da hast du ja einen Kreis geschlossen
der Mann der Salondame Varnhagen
deren Soireen in deinem Gedicht
vorkamen
hat Pücklers
'Briefe eines Verstorbenen'
redigiert
der war ja nicht auf den Kopf gefallen
als er beschloss
an Geld zu kommen
nur sind die Pläne nicht aufgegangen
aber was heisst das schon
ob Pläne aufgehen oder nicht

der Zeit ist es gleich
du bleibst immer öfter
hinter ihr zurück

Eike:

Oder ich eile ihr voraus.
Vorerst noch.
Wie Boris Vian.
Um auf den nochmal zurückzukommen.
Jeder Puster in meine Trompete bringt mich
dem Tod ein Stück näher.
So hat er gesagt.
Und hat es nicht lassen können.
Wie soll man denn auch vom Leben lassen.
Und wenn es den Tod bedeutet.
Wir pusten. Und pusten.
Noch sind mir die Hufe schnell.
Und die Zeit scheint stehengeblieben.
Die Engel machen Orchesterpause.
Die Nornen haben den Faden beiseite gelegt.
Sie sitzen dösig unter dem Baum.
Die Quelle gluckert.
Odin hat sich einige Wurzeln zurechtgerückt.
Die Glücksrune.
Er schließt sein Auge.
Lehnt sich zurück.
Der Baum bedächtig.
Glück.
Heute ist so ein Tag.
Aber unbedingt.
Probiers mal aus.
Pusten.
Aber nicht übertreiben.

Lisi:

Ich sag dir jetzt mal was
hab's mir gerade überlegt
damit du weißt
was ich im Kopf habe
außer Eis 'Yoghurt Fresh'

ich werde mich mit einem Satz
unsterblich machen
nicht was du denkst
ich spring nirgendwo Bungee
oder so
oder in das Eismeer
wegen der Frischhaltung
oder in Konservendosen
genau -du hast es geahnt-
wegen der Konservierung
oder so ähnlich

ich werde einen Satz formulieren
der mich
wie ich schon sagte
unsterblich macht

wie Vian
dramaturgisch wertvoll
ja herzzerreissend
jeder Trompetenstoss
der ihn dem Tode näherbringt

meine Güte
das ist Dramatik pur

auf solche Idee
wäre ich gern gekommen

aber mit dem Klavier
haut das nicht hin
das müsste mir schon
auf die Füße fallen
ansonsten
fällt mir nichts dazu ein

aber es kann ja auch etwas ganz
Unmusikalisches sein

ich werde sehen

ich arbeite dran

Eike:

Ich bin auch ganz leise.
Jedes weitere Wort wäre wie Kartoffelsalat.
Viel zu schwer für diesen Tag.
Der Leichtigkeiten.
Und der leisen Töne.
Nein. Ich schweige.
Wie ein Esel.
Nur in einer anderen Sprache.
Papageiisch.
Brathering.
I-Ah! I-Ah!
Verdammt!

Nun fängt der Esel mit dem Schreien an.
Das hat er von Onkel Vratzek gelernt.
Tut mir leid. Entschuldigung.
Ich wollte doch schweigen.

Lisi:

was hab ich mit Onkel Vratzek zu tun
der Herr ist mir unbekannt
für den Brathering
bemühe bitte Herrn Brat
den Erfinder des gleichnamigen Herings
oder Herrn Appel
der die Feinkost erfand
also bitte
solltest du nicht wissen was
brathering bedeutet
schau ins Wörterbuch

aber

störe meine Kreise nicht

schade hat schon einer gesagt
aber das hatte er dann davon!

Eike:

Der Tag schmilzt.
Da muss man zusehen, dass man das Fürst-Pückler-Eis vom Teller bekommt.
Ein nostalgisches Erleben.
Ich wüsste gar nicht mehr wo ...
in diesen Domino-Waffeln, ansatzweise.
Aber die schmecken wie Pappe.
Ich würde das als Alleinstellungsmerkmalsunerheblich einstufen.
Also, da müssten die Jungs und Mädels vom Marketing schon wahre Wunder wirken.
Vergessen wirs.
Außerdem - das Richtige sollte es schon sein.
Im Park von Muskau.
Da zumindest werden sie es doch anzubieten haben.
Also mal nach Muskau fahren.
Nicht wegen dem Eis.
Nee.
Schoko-Eis mag ich nicht so gerne.
Damit wär DAS dann auch erledigt.
Und nunmehr endgültig.
Vom Tisch, sozusagen.
Doch wegen dem Fürsten lohnte es sich schon.
Ich denke da an die ominösen Briefe.
'May I help you to some fish.'
Sprach die Gouverneurin von Mauritius.
Na bitte!
Und da hätten wir auch einen Satz.

Lisi:

Ich wäre den Fürsten lieber los. Warum weiß ich nicht.
Vielleicht wegen der Blickachsen.
Die mag ich auch nicht immer.
Wenn alles aufgebaut wird um etwas zu vergöttern, fehlt mir der spezielle Blick.
Da hilft auch der tollste Park nicht weiter.
Hat er eigentlich selber auch Mutterboden herangekarrt?
Wahrscheinlich nicht.
Überlege mir besser jemand anderen.
Einen, der seinen Namen nicht in Pyramiden einritzen ließ, sondern sich kaputtgebrasselt hat beim Pyramidenbau.
Aber so jemand wurde nicht verewigt.
Der war es nicht wert, dass ein Hahn nach ihm kräht.
Oder abseits der Pyramiden.
Jemand, der einfach nur seine Pflicht tat. Weil er anständig sein wollte.
Mal sehen, wo ich ihn finde.
Ich mach mich mal auf den Weg.
Ich such mal unter Eigenbrötlern, unter ganz Bescheidenen, unter Menschen.

Eike:

Da hast du Recht.
Das alles klingt so erdenschwer.
Lassen wir sie in ihren Gräbern schmoren.

Diese Enge verlassen.
Begeben wir uns auf die Suche.
Ich finde ja, dass wir uns einen Bus chartern sollten.
Einen, der fliegen kann.
Einen kleinen roten Doppeldecker.
Da könnten wir auch im Freien sitzen.
So hoch müsste es ja nicht hinaufgehen.
Gerade so über die Bäume weg.
Und über die Häuser. Die Berge.
Und über das Meer. Oh ja - auch über das Meer.
Einen tollkühnen Fahrer bräuchten wir.
Also, ich würde ja Jack Nicholson vorschlagen.
Und dann ginge das los.
Sag doch mal.
Wo möchtest du hin?
Wo wollen wir starten?
In Barcelona vielleicht?
Ach - und was ich noch sagen wollte:
Die Zeit spielt keine Rolle.
Auch in der Zeit bewegen wir uns spielerisch.
Luftgeschöpfe, die wir sind.
Die wir sein werden.
Wenn du willst.

Lisi:

Wir fliegen nicht um die Sonne
obwohl
in Catania käme ich glatt
auf den Gedanken

doch mit Jack Nicholson
fliegt man eher über
Kuckucksnester
die sind nicht so hoch angesiedelt
Gibt es eigentlich in jedem Wald
einen Rübezahl?

In einem Doppeldecker Bus
sitzt es sich wunderbar
bei einer Stadtrundfahrt
hab ich mal dringesessen
hab über vieles hinweggesehen
und so von oben
sieht manches ganz anders aus

Weißt du ich würde gerne
schweben können
durch die Luft gleiten
paragliding
das muss toll sein
ohne großen Widerstand
vorwärtskommen
oder spürt man da den Widerstand?
Ich weiß es nicht
und wenn man landet
steht man auf und
klappt den Schirm
einfach zu
man geht weiter und wünscht sich
ein Vogel zu sein
so wie vorher auch
als man es sich wünschte
nur ein wenig wissender jetzt

Eike:

Catania.
Das ist schön.
Das gefällt mir.
Der Name klingt mir vertraut.
Als ich zehn Jahre alt war, da habe ich mir
eine Welt geschaffen, die aus Fussballvereinen
bestand.
Ich wusste, dass La Boca ein Vorort von
Buenos Aires war.
Dort spielten die Boca Juniors.
Und Catania, das war der CC Catania.
Drei große C.
Mehr wusste ich nicht.
Mehr hat mich wohl auch nicht interessiert.
Das sieht nun heute anders aus.
Darum freut es mich, dass du Catania als
unseren Startpunkt wähltest.
Eine wunderbare Gelegenheit die Stadt
kennenzulernen.
Die umliegende Landschaft zu erkunden.
Ich denke mir das blaue Meer.
Eine felsige Küste.
Darüber der Ätna. Unverkennbar. Eine
gewichtige Erscheinung.
Wir können später über ihn hinwegfliegen,
wenn du magst.
Wir können ihn auch besteigen.
Zitronenhaine werden unseren Weg begleiten.
Wenn wir schwächeln, lassen wir uns auf
Eselsrücken tragen.
Besser noch - wir reiten von Anfang an.

Und legen immer wieder eine Pause ein.
Feigen und Pistazien können wir uns pflücken.
Setzen uns unter schattige Bäume, die vor den
Tavernen stehen.
Trinken den roten Wein, der aus dem
Vulkangestein wächst.
Und lassen uns Geschichten erzählen.
Vom ewigen Streit der Carabinieri und
Briganten, der 'uomo d'onore'.
Und sind wir oben angekommen, können wir
den Kyklopen bei ihrer Arbeit über die
Schulter schauen.
Sie werden dir den Rübezahl ersetzen.

Lisi:

Catania
das ist so ein klingender Name
da liegt alles drin
Gesang Wein Weite
den Namen hab ich zum erstenmal
meinen Vater sagen hören
er zeigte mir ein Bild von sich
als Soldat in Uniform
er sah gut aus darauf
und ich war mächtig stolz
einen solchen Vater zu haben
Und dann erzählte er mit
leuchtenden Augen von seiner Zeit
in Catania
und es kam nichts von Krieg darin vor
genau genommen waren es auch nur

zwei Sätze an die ich mich erinnere
'Auf dem Foto bin ich in Catania'
'Papa, wo liegt das?'
'In Sizilien'
'und wo liegt Sizilien?'
und er zeigte mir Sizilien auf dem Globus
und nichts weiter
und seine Augen leuchteten
Und dann hörte ich später von der Mafia
und einige Bosse kamen aus Catania
da war der Name wieder
ich interessierte mich nun
und lernte bei meinen Recherchen
die heilige Agatha kennen
die trug ihre abgeschnittenen Brüste
auf einem Tablett
nur weil sie jungfräulich bleiben wollte
und einen Heiratsantrag ablehnte
wurden sie ihr abgeschnitten
und später kam mir die Stadt
immer wieder in den Sinn
und ich verbinde mit ihr die Sonne
das Strahlen das Licht den Ätna natürlich
über den würde ich gerne mit dir fliegen
und die schwarze Lava sehen
und das blaue Meer
wie es blauer nicht sein kann
und nachts erscheint ein Sternenband
am Himmel mit dem Namen
Catania
und wir legen uns unter einen Feigenbaum
und die ganze Luft
ist erfüllt von einem unvergleichlich

schönen Klang
Bellini und seine Norma
Maria Callas singt uns daraus vor
wir stossen an mit rotem Wein
und später nähert sich ein uralter Mann
mit einem verwitterten Gesicht
und stellt sich vor
Er ist ein alter Mafioso
und wir lassen ihn erzählen
und stellen fest
dass er die Callas sehr verehrt

Eike:

Bellini

Es ist eine Frühlingsnacht
ein leichter Himmel spannt sich
wie ein Dach
darunter träumerische Melodien
ihre Kränze winden
wenn Adalgisa ihrer Liebe singt
und Norma ihrer Liebe
keinen Namen nennt
ein sinnlich Sinnversponnenes
sich wie ein Sichelschnitt
ins Schauerliche kehrt
wir sitzen
lauschen hören
wie gebannt
dem Unverschleierten
wenn Liebe brennt

und hochauflodernd flammt
oh Casta Diva
die du thronst
so weit
so weit entfernt

Empedokles

Auf dem Parkplatz
hat er den Wagen abgestellt
den Schlüssel stecken lassen
gegen den Wagen lehnt er sich
raucht eine Zigarette

gleich
mit aufgehender Sonne
wird er seinen eigenen
Aufstieg beginnen
zum Krater hinauf
ein letztes Aufbäumen
es musste sein

alt ist er
und müde

die Menschen
wie eine Hammelherde
nach Führung
verlangt es ihnen
gelenkt und geleitet
wollen sie sein

die Menschen
hatte er es ihnen nicht bewiesen
dass da kein Gott
kein König sei
zwischen ihnen
und dem Himmel dort droben

die Menschen
sind eine Enttäuschung
Verstandes-unwillig
Würde-los

sie sind es
sie werden es bleiben
er steht nicht länger
zur Verfügung

er hat resigniert
er tritt die Zigarette aus

Lisi:

Dieser Empedokles
hat es mir angetan
hätte ihn gerne kennengelernt
denke ja nicht
dass er in den Ätna sprang
er hatte es sich
vorgenommen
aber ob er wirklich
andererseits

der Mensch in seiner Verzweiflung
zu was er fähig ist
doch hielt er sich nicht
längst für einen Gott
durch Reinkarnation vielleicht
jedenfalls
war alles immer da
aus verwobenen Wurzeln
entstanden
vier Elemente ohne Vakuum
unsere Welt
ein gesetzmäßiger Kreislauf
Liebe und Streit
dirigieren dann mit ihrer Kraft
diese Welt
so sah er das
wenn ich es richtig sehe
ob Bellini auch so dachte
ob er im Streit anders als in der Liebe
ich jedenfalls ja
und das 'ich' ist wichtig
war es Empedokles auch
über alle Maßen sogar
aber doch nicht in den Ätna
oder?
vielleicht ja doch
so oder so
die Elemente stört es nicht
sie verkraften uns
auch wenn aus uns

ein weiterer Gott
entsteht
vorübergehender Natur
aber immerhin

Eike:

Sanftmut war nicht seine Sache.
So vermute ich.
So hat ihn Hölderlin gesehen.
'Und viel vermag er; und herrlich ist
sein Wort, er wandelt die Welt
und unter den Händen ...'
Zerrinnt es ihm.
Ergänze ich.
Zerrinnt ihm sein Leben.
Manchmal erkennt es der Mensch.
Manchmal nicht.
Erkennt er es, wird er ins Stocken geraten.
Innehalten, zum Nachdenken gezwungen sein.
So wie es einem anderen geschah.
Wir schreiben das Jahr 1912.
Da hat der Tod bei ihm angeklopft.
Zaghaft noch.
Doch ist er auf dieses Schloss gefahren.
Dieses Schloss auf schroffem Felsen.
Karstgestein.
Hoch über dem Meer.
Wie ein Vogelnest.
Man mag sich hinunterstürzen.
Fallen lassen.
Weil man meint Flügel zu besitzen.

Die werden tragen.
So denkt der Mensch.
Zerrinnt ihm das Leben.
Zu fliegen wünscht er.
Dem Engel der Verwandlungen nahe zu kommen.
Doch dieser Engel ist schrecklich.

Lisi:

Duino
und sein Schloss
wie es ihm passt
den Engel dort zu finden
der das Unsichtbare realer findet
als das noch Sichtbare
weil in dem Unsichtbaren
alles vollzogen ist
was wir mit dem noch Sichtbaren
hinter uns bringen müssen

das Sichtbare
ins Unsichtbare
verwandeln
ist unsere Aufgabe

es ist großartig
dieses Bespiegeln
dieses Selbstverständlichmachen
zunächst ist man
eher abgeneigt
doch dann ist es so

verblüffend
so einfach
groß

Die Duineser Elegien
was für ein Meisterwerk des
Rainer Maria Rilke

Eike:

Ja.
Aber sicher doch.
Ich muss nur gestehen:
mir ist viel mehr am friaulischen Wein
gelegen.
Tocai und Ribolla.
Wir werden darin schwelgen.
Aber später. Später erst.
Nun wollen wir den Weg entlang der
Steilküste nehmen.
Ich habe Jack gefragt, ob er vielleicht ...
Er hat abgewunken.
Er will uns nicht stören, weil ...
er die Fürstin della Torre e Tasso erwartet.
Die wird ihn wohl im Bus besuchen.
Ich hatte gleich so einen Verdacht.
Es ist einfach köstlich.
Komm, nimm mich bei der Hand.
Es geht steil hinauf.
Und steil hinab.
Pinien bieten uns Schatten.
Wir können uns auf die Mauer setzen.

Und uns schwindeln lassen.
Und wenn du magst, schwindeln wir uns
etwas ins Ohr.
Ich schwindele dir etwas ins Ohr.
Du schwindelst mir etwas ins Ohr.
Süße Worte.
Wie süßer Wein.
Wir wollen uns aber auch etwas versprechen.
Stimmen hörbar zu machen.
Von einem blauen Meer mit weißen Segeln
darauf.
Was ist Schönheit?
Frage ich dich. Und deute hinaus. Und hinab.
Was geht in dir vor, wenn du Schönheit
denkst?

Lisi:

Dazu bedarf es meinerseits nicht vieler Worte
Kant hat Schönheit formuliert als
ein interesseloses Wohlgefallen
ihm schließe ich mich an
Schönheit liegt im Auge des Betrachters
zufälligerweise ist es möglich
dass ein anderer es genauso sieht wie ich
ich empfinde etwas nicht als schön
weil es die Lust in mir weckt
mich ihm hinzugeben
dass ginge schon über die Schönheit hinaus
da würde ich tätig sein
ein zweiter Schritt vielleicht
Schönheit bedeutet zunächst

unverklärten Blickes
Wohlgefallen zu verspüren
ohne irgendwelche Besitzansprüche
zu stellen
aus der Distanz
alles andere darf sich später
gerne ergeben
also ich meine
tändelnd auf der Mauer sitzen
mit einem blauen Meer vor sich
da kann ich ja nichts dafür
wenn mich die Schönheit des blauen Meeres
schwindeln lässt :-)
und du dann
na also ...

Eike:

Schönheit aus der Distanz.
Ja, freilich. Das mag wohl sein.
Die Seerosen schwimmen auf dem See.
Die Frösche springen in den See.
Die Libellen ziehen ihre Kreise über dem See.
Das ist Distanz.
Doch ergibt sich ein Bild daraus.
Weiteres kommt hinzu.
Rohrkolben stehen.
Eine Birke beugt sich über den See.
Zwei Reiter traben vorüber.
Zwei Kohlweißlinge im Liebesflug.
Eine Mücke, die ein lebhaftes Interesse an mir zeigt.

Das lässt mich nicht interesselos.
Das Bild formt sich.
Ich beginne mich dem Bild zuzuneigen.
Dann gebe ich mich hin.
Ich versenke mich in der Schönheit des
Augenblicks.
Dann ist es Schönheit für mich.
Ich spüre es in meinem Inneren wachsen.
Ein Gefühl der Freude.
Die mich angesichts der Schönheit erfüllt.

Schönheit, das bedeutet sich ihr hingeben zu
können, ja, zu müssen.
Sonst wäre es doch nur
irgendetwas

Lisi:

Du willst mich nicht verstehen
kannst du auch nicht
es wäre sozusagen nicht
im Sinne des Betrachters
verstündest du mich
wüsstest du die Mücke
zu verjagen
wenn sie Interesse zeigt
wüsstest um ihren Stich
der die Schönheit entstellen kann
Schönheit ist meine
und nicht deine
und für mich
ist sie da

wenn du es siehst
wie ich
auch für dich

Eike:

Ja
also bitte
ich will mich nicht streiten
wenn ich Jane Birkin
singen hörte
fiele mir auch
etwas anderes ein
aber das ist kein Beispiel
sondern eine Randnotiz
die Mücke fliegt traurig
über den See
mein Blut hätte ihr
und ihren Nachkommen
sehr viel bedeutet
nun hat sich die Schönheit
verflogen
ist
an deinen Worten zerbrochen
widerborstigerweise
nur weil Kant
ein Stubenhocker war
an den Strand hätte er
gehen sollen
aber dass du eine Schönheit hast
und ist es auch nicht
die meine

beruhigt mich doch

PS: Kant hat interesselos die Turmuhr
betrachtet.
Dabei ist das sogar noch gelogen.
Er hat bestimmt Interesse an der Turmuhr
gehabt.

Lisi:

Schönheit die verfliegt
das ist traurig
ich geb dir Recht
und natürlich hätte ich der Mücke
das Blut gegönnt
hätte sie sich doch
bedient bei dir
hast du sie etwa verscheucht?
ich hoffe nicht
und Kant
war sehr galant
täglich ging er spazieren
und wusste gut
den Billardstock zu führen
nur von den Frauen
wusste er nicht viel
doch umso mehr
vom Kartenspiel
es ist verzwickt
in einem Blick
kann soviel liegen
und eine Schönheit auch

Eike:

Es tut mir leid.
Ich wollte dem Immanuel keineswegs auf die Füße treten.
Ich kenne ihn ja auch gar nicht.
So wie du.
Wir können bei Gelegenheit mal nach Königsberg fliegen.
Kaliningrad heißt es ja nun.
Und dann erklärst du es mir.
Der baltische Ostseestrand soll ja auch sehr schön sein.
Auch den kenne ich nicht.
Du wohl auch nicht.
Also gibt es dort so mancherlei zu erkunden für uns.
Aufzufinden.
Bernstein auch. Den ich liebe.
Doch nun wollen wir essen gehen.
Den Jack seiner Gräfin überlassen.
Wir suchen uns ein schönes Restaurant.
Unten am Hafen.
Dort werden wir Wein trinken.
Denn im Wein liegt die Wahrheit.
Das ist auch so ein Spruch.
Mit dem ich so meine Schwierigkeiten habe.
Obwohl er nun deutlich einfacher zu verstehen ist als die Schönheit.
Da hätten wir aber auch eine Kombination beisammen.
Wahrheit und Schönheit.
Was für eine Verbindung.

Und ich werde keine Besitzansprüche geltend
machen.
Weder die Schönheit, noch die Wahrheit
gedenke ich zu okkupieren.
Ich werde mich auch nicht in
Wolkenkuckucksheimen verfliegen.
Es sei denn, dass der Wein mich
überschwänglich macht.
Das tut er.
Aber das ist doch nicht schlimm, oder?
Der Wein, der mir die Zunge löst.
Purer Genuss. Ein Vergnügen.
Schön ist, was Genuss verursacht.
Das stammt auch von Kant.
Ich habe lange danach graben müssen.
Für dich.
Um dir diesen Genuss zu bereiten, meine ich.
Denn wenn ich erst einmal ins Erzählen
komme ...
Doch unterbrich mich nur, wenn dir danach
ist.

Lisi:

Da hätten wir dann ja
die beiden Richtigen zusammen
also ich meine uns
zwei Zungengelöste
da muss ich aber gut auf mich aufpassen
ich bin an sich schon ziemlich gelöst
aber dann erst recht
mit dem Wein im Restaurant

Kant bleibt besser außen vor
ich suche die Wahrheit im Wein
und er erzählt mir womöglich was
vom Imperativ
gut wenn er
trink
rufen würde
könnte man drüber reden
aber dabei bliebe es ja nicht
er schiebt ja ständig etwas Moralisches
hinterher
Trink und bleib anständig
sowas in der Richtung wahrscheinlich
och nee
aber nicht beim Wein
ich meine da red ich lieber vom Bernstein
den finde ich auch schön
so geheimnisvoll
seine Inklusen
'Bernstein
der Tod der deine Schönheit zeigt'
ist doch so
die kleine Mücke zum Beispiel
du da wäre sie uns eine Schönheit
die nicht verfliegt
der Tod hat sie konserviert
und als Knaller
liegt sie auch noch als Wahrheit darin
siehst du
ich so
auch ohne Wein
und erst wenn mit

Eike:

Bernstein
das sind die
Tränen der Heliaden
die sie weinten
um ihren Bruder Phaeton
als sie am Ufer
des Flusses Eridanus
saßen
wie versteinert
du
der ist gar nicht
so weit weg von hier
es ist der Po
doch Bernstein
gibt es dort keinen
das ist aber
auch gar nicht entscheidend
der Bernstein
findet sich
im Wein widergespiegelt
und der Wein
spiegelt sich
in unseren Augen
es gibt eine Wahrheit
und die ist bernsteinfarben
die ist wie ein
NichtKitschiges Liebesgedicht
ich sage einfach:
Ich liebe dich
weil es so ist
liebe ich dich

wie du bist
das ist ein
NichtKitschiges Liebesgedicht
es sagt einfach
wie es ist

Lisi:

Ohh ja
da denkst du
an einen
guten Wein
der nach seiner Reifezeit
wie Bernstein aussieht
das Alter hat ihn
so gemacht
er muss nichts
vorspielen
er zeigt sich
wie er ist
es ist so
wie es ist
das ist die Wahrheit
und sie zu beschreiben
kann niemals Kitsch sein
weil es die Wahrheit ist
wenn ich sage
ich liebe dich
und es so ist
weil ich die Wahrheit sage

Eike:

Dieser Abend am Meer
wie die Sonne versinkt
ich denke an die Zeit zurück
als Rilke hier saß
und die anderen alle
dieser Ort hat ein ganzes Zeitalter gesehen
das ist vergangen
es hat sich ins Meer gestürzt
blutrot ist es darin versunken
ich denke an Joseph Roth
er hat diese Zeit zu Grabe getragen
in der Kapuzinergruft
er hat sein Leben zerlitten daran
ich denke an seine Liebe
seine große Liebe zu Irmgard Keun
kennst du sie?
das kunstseidene Mädchen
'Ich möchte gerne furchtbar glücklich sein'
so hat sie gerufen
das 'furchtbar' hätte sie besser
weglassen sollen
es hat sie in den Abgrund getrieben
doch wer weiß das schon
wenn man liebt
wenn man so sehr liebt
getrunken haben sie
sie und ihr Liebster, Joseph Roth
sie haben sich zugrunde gerichtet
Joseph Roth ist 1939 in Paris gestorben
Irmgard Keun kehrte heimlich
nach Deutschland zurück

um sich den Tod zu suchen?
ich weiß es nicht

Lass uns die Gläser heben
auf das kunstseidene Mädchen
und die Legende vom heiligen Trinker

Lisi:

Wer weiß das schon
so kann man alles überschreiben
uns alle
weil jeder anders ist
als der andere meint

Was ist eigentlich Liebe
wenn ich eine andere Vorstellung
davon habe als du
sprechen wir beide
doch trotzdem von Liebe
und jeder für sich
denkt sie sich
in seiner eigenen Art

Wenn ich sagen würde
Joseph Roth und Irmgard Keun
haben sich nicht geliebt
sage ich es doch nur
wenn für mich Liebe etwas anderes ist
weil man sich nicht zugrunde richtet darin
aber ich weiß es nicht
weil ich ja noch nicht mal genau weiß

was Liebe ist
wie sollte ich dann wissen
ob die Liebe echt ist zwischen zwei Menschen

Geht es mich eigentlich etwas an?

Vielleicht sollte man gar nicht mehr
über Liebe reden
man sollte sie totschweigen
weil sie ins ganz Private gehört
nicht öffentlich über sie diskutieren

Ich hebe das Glas und trinke mit dir
auf zwei Werke die sich amüsant lesen
nicht mehr und nicht weniger

ich frage mich ganz ernsthaft
und auch dich
kann ich einen Menschen

auf Grund seiner Biographie
richtig verstehen lernen?

was liest du heraus
und was ich

Eike:

Es wird immer nur eine Annäherung bleiben.
Mehr erwarte ich nicht.
Ein Mensch, eingebettet in die Zeit, in der er lebte.

Joseph Roth und der Untergang der k. und k.
Monarchie.
Weil in Duino alles daran erinnert.
Mehr war da nicht.
Und ist doch ein wehmütiges Gefühl
entstanden.
Wie alles zusammenhängt.
Wie die Zeit Menschenschicksale verknüpft.
Sie verwehen lässt wie Blätter im Wind.
Wie kraftvoll sich ein Mensch dagegen
erheben kann.
Wie er in den Strudel des Abgrundes gerät.
Wie er dies alles in sich aufnimmt.
Und darüber schreibt.
Das ist es doch vor allem.
Er legt Zeugnis ab.
Er offenbart sich mir.
Biblische Begriffe.
Sehr pathetisch auch.
Und doch ist es das, was geschieht.
Ob du ein Bild malst.
Ob du etwas schreibst.
Dein Ich ist darin enthalten.
Und ich möchte es begreifen.
Wenn ich mich zu diesem Ich hingezogen
fühle.

Und von der Liebe lass uns schweigen.
Für den Moment.
Mehr kann ich dir nicht versprechen.
Die Liebe ist nicht zu vermeiden.
Was wäre der Mensch, was wären wir –
ohne Liebe?

Und nun?
Wollen wir uns den illyrischen Seeräubern
widmen?
Die hier die Gewässer unsicher machten.
In römischer Zeit.
Dort draußen kreuzten, mit ihren kleinen,
wendigen Schiffen.
Ach, nein.
Komm, wir wollen das Glas noch einmal
erheben.
Und trinken auf uns.
Und diesen schönen Abend.

Lisi:

Ja
trinken wir auf uns
so wunderbar
ist mir zumute
als hätte mich
ein bunter Falter
in seine Farben eingetaucht
die Seele fühlt sich aufgefaltet
wie Origami andersrum
liegt sie
ganz offen
und sie lauscht
ob etwas singen will
wird traurig
wenn ein Weinen ist
und lacht
wenn sie den Sommer spürt

ist wie verführt
beim Anblick roter Rosen
der Maler
umarmt mich
mit seinem Bild
lockt mich
in grüne Lindenbäume
legt mich in grünen Klee
ich träume
von springenden Fischen
im kleinen Bach
die Nacht
und die Sonne
wechseln sich
die Dämmerung
leitet von einem
zum andern
ich lasse
meine Augen wandern
in wehenden Gräsern
verfängt sich
mein Blick
und kehrt
zurück
das Meer ist
Seeräuberfrei
Johnny Depp
trinkt Whisky
mit Captain Jack Sparrow

Eike:

Tage
Tage
die vergehen
Tage
die können leichtsinnig sein
die schaukeln sich in der Sonne
auf eine sehr vage
zögerliche Weise
wie ein zittriges Verbeben
so sehr
dass ich es kaum
wahrzunehmen vermag
ich liege im Schatten
unter den Bäumen
es würde der Tag
unantastbar bleiben
wäre da nicht
das nahegelegenen Haus
worin ein Mensch schreit
'Nein!'
und nochmals
'Nein!'

- dann ist es still –

ist er tot?
hat er sich besonnen?
hat ihn der Tag zum
Schweigen gebracht
dieser Tag
der keine lauten Töne duldet

dieser Tag fächert mir
Sonnenfluten
dieser Tag schweigt
endgültig nun
dieser Schrei
dieses 'Nein!'
es war ein Widersetzen
ein letztes Aufbegehren
des Menschen
der nie begreift
was Schweigen bedeutet
bewirkt
worin ich mich
bewähren kann
dieses Schweigen
es wird wohl
etwas Wichtiges sein
etwas
das Leben bestimmt
wovon ich nichts weiß

und ich liege
ich denke nach

Bilder erscheinen mir
es ist der Areopag
Epimenides sehe ich
er treibt die Schafe
auf den Berg
die schwarzen
und die weißen Schafe
und wo sie sich niederlassen
wird er den Tempel

des unbekannten Gottes errichten

- ein Zeitsprung -

den Apostel Paulus sehe ich
der sich darin versucht
dem unbekannten Gott
Gestalt zu verleihen
doch von ewiger Buße
und der Auferstehung
der Toten spricht

- und wiederum -

ein 'Nein!'
von mir
leise gesprochen
unter den Bäumen
im Schatten
Sonnenfluten
die den Himmel
unbewegt lassen
den Tag
mich
in Gedanken

Lisi:

Ein 'Nein'
wird manchmal erst gesagt
wenn jemand so verzweifelt ist
dass sich ein 'Ja'

nicht formulieren kann
obwohl es diesen Menschen
ein Leben lang begleitet
der nie gefragt hat
ob es richtig war
zur rechten Zeit
kein 'Nein' zu sprechen

Das fiel mir ganz spontan
beim Lesen deiner Zeilen ein

Du hast ein leises 'Nein'
gesprochen
es konnte leise sein
es musste dich kein anderer hören
du hast dir selber zugeredet

Wenn jemand schreit
ist es ein Hilferuf
vielleicht
oder ein Aufbegehren
als müsste sich die Seele wehren
weil sie in Gefahr ist
sich selber zu verlieren

Das Paradoxon des Epimides
fiel mir ein
er der Kreter war
sagte
'alle Kreter sind Lügner'

was drückt man denn mit Schweigen aus
frage ich mich
Zustimmung oder Ablehnung

schweige ich ein ja
oder
ein nein

Oder liegt das Schweigen
zwischen ja oder nein
weil sich der Mensch
nicht entscheiden kann
er die Ruhe braucht
um nachzudenken
um überhaupt zu einer Entscheidung
zu kommen
falls es denn eine braucht
und wenn es soweit ist
dass nichts mehr in mir ist

die Seele
ist
mir fort
gegangen
am Horizont
ein Streifen
rot wie Blut
schweigend sehe ich ihr
hinterher

Eike:

Dein Epimides dürfe mit meinem Epimenides identisch sein.
Der Spartaner war.
Wenn er schrieb, dass die Kreter Lügner sind, dazu noch wilde Tiere, faule Bäuche, wird er seine Gründe gehabt haben.
Die üblichen Animositäten.
Ach, was sind wir Menschen uns doch treu geblieben!
Doch dies nur nebenbei (weil wenig verwunderlich).
Entscheidender vielmehr: das berühmte Paradoxon hat sich somit erledigt.
Auch wenn es darum nicht aus der Welt geschaffen ist.
Es ist wie mit dem gordischen Knoten.

Ist er zerschnitten, hält man zwei Enden in der Hand.
Ein Problem mehr.

Und mit dem Schweigen ...
Eigentlich war es gar nicht so dramatisch gedacht.
Ein Sommertag. Ein Hitzetag. Ein Sonntag noch dazu.
Ein Tag, der schweigen wollte.
Schaukelnd sich dahintreiben lassen.
Mehr nicht.

Und dann ist mir der Areopag eingefallen.
Und ich weiß nicht, wie der mir zugeflogen kam.
Und mir kam der Tempel des Unbekannten Gottes in den Sinn.
Wieviele Götter sitzen im Olymp?
In Athen wütete die Pest.
Keiner der Götter hat geholfen.
Also hat man sich kurzerhand einen neuen Gott geschaffen.
Der es richten sollte.
Und dann, 700 Jahre später, ist Paulus an diesen Ort gekommen.
Um aus diesem unbekannten Gott den Einen, den EinzigWahren zu machen.
Darüber habe ich nachgedacht.
Ob nicht beides gleichermaßen erschreckend ist.
Ein zu viel an Skepsis.
Ein zu viel an blindem Glauben.
Darum habe ich mein leises 'Nein' gesprochen.
Das zugleich eine Aufforderung war.
Du hast es erkannt.
Du hast es aufgenommen und weitergeleitet.
Doch dein Ende ist mir erschreckend.
Die Seele bleibt.
Und hat sie dich für einen kurzen Augenblick des Schreckens verlassen, kehrt sie zurück.
Aus dem Nichts, in das sie sich geflüchtet hatte.

Lisi:

Womit wir wieder beim Angelpunkt wären.
Die Seele.
Die man nicht beweisen kann.
In die man unendlich viel hineinlegen kann.
Von der man nicht wissen kann, wie sie sich
verhalten wird.
Was würde man bloß ohne Seele machen?
Wohin mit unseren Sorgen und Nöten, mit
unserer Freude. Wohin mit unserer
Verletzlichkeit und unseren Zweifeln.
Wenn ich mir überlege, wie unbedacht ich oft
umgehe mit ihr, als ob sie zu ersetzen sei.
Meine Seele ist für mich der wichtigste Teil
meines Ich. Kenne ich sie. Kenne ich mich.
Es ist schon merkwürdig, dass ich das
Wichtigste von mir weniger gut kenne als
meinen Körper.
Da kommt mir noch etwas anderes in den
Sinn.
Der Mensch besteht aus Körper und Seele.
Eins ohne das andere geht nicht.
Also entstehen Körper und Seele gleichzeitig.
Ist die ganze Diskussion über Fristen für eine
Abtreibung völlig sinnlos.
Ab der Befruchtung ist der Mensch sein ICH.

Eike:

Die Seele.
Der Angelpunkt, wie du sagst.
Geist und Körper.
Ich. Das bin ich.
Und wenn der Geist mich verlässt?
Nein. Das tut er nicht.
Er kann sich verwandeln, verformen.
Doch er bleibt.
Ich bleibe beseelt.
In welcher Weise auch immer.
Bis zum Tod.
Bis der Körper mich verlässt.
Es ist der Körper, der den Geist aufgibt.
Die Seele nicht.
Was geschieht mit der Seele?
Erlischt sie, wenn der Körper vergeht?
Ich weiß es nicht.
Ich frage auch nicht nach.
Es wäre doch nur alles Spekulation.
Ich werde es erleben.
Und darauf freue ich mich.
Action bis zum Schluss.
Wenn die Seele sich aufschwingt.
Wenn sie davonfliegt.
Ein goldener Falke.
Es wird das Größte sein.
Schlechthin.
Spektakulär.
Und ich wollte doch nicht ...

Exkurs: Ba, der Seelenvogel

Im alten Ägypten dachte man sich den Ba, den Seelenvogel.
Das war neben dem Ka und dem Ach ein Aspekt der menschlichen Seele.
Das Ka verblieb nach dem Tod eines Menschen in dessen Körper und begleitete ihn auf seiner Reise in die Unterwelt.
Hier gesellte sich als Ersatz für den Ba das Ach hinzu.
Denn nach dem Tod wandelte sich der Ba, der bis dahin an den Körper gebunden war, in einen Vogel, der den Körper verließ.
Aus dem alten Reich, datiert auf die 12. Dynastie, ist ein Text überliefert, in dem ein Mensch, der den Tod herbeisehnt, einen Disput mit seinem Ba führt. Dieser, obwohl ihm mit dem Tod des Menschen ein Losgelöstsein winkt, verteidigt vehement die Vorteile des diesseitigen Lebens.
Der Mensch klagt und jammert. Beklagt sein trauriges Schicksal.
Er möchte sterben, er, der als Gerechter in einer Welt der Ungerechtigkeit leben muss.
Demgegenüber verklärt er das Totenreich, denn:
'heute steht der Tod vor mir
wie Lotusduft
wie das Sitzen am Gestade der Trunkenheit'
Der Ba ist erbost und droht den Menschen zu verlassen.
Doch ohne Ba ist der Mensch nichts.

Er könnte wohl nicht einmal sterben ohne ihn.
Und sterben will er. Weil das Jenseits doch so
schön ist.
Der Ba verhöhnt ihn:
'die Flut nimmt sich ihr Teil
und die Sonne desgleichen
und es sprechen mit ihnen die Fische im Fluß'
Da sollte ein Ausgleich gefunden werden.
Denkt man.
Den gibt es aber nicht.
Nicht so recht.
Der Mensch erklärt sich weiter.
Der Ba stimmt ihm zu.
Beide beschließen Geduld walten zu lassen.
Und zu warten.
Auf den Tod.

Ist es ein ägyptischer Hiob, den wir hier
erleben?
Ja.
Denn es geht um Tun und Ergehen.
Und um das Chaos, das trotz Gottes Allmacht
waltet.
Das Unvorhersehbare, das uns jederzeit
treffen kann.
Die Ägypter nannten es das Geschehende.
Und für das Geschehende gab es keine
Grenzen.
Ich sehe das auch so.
Es ist einfach so.

Lisi:

Wir fliegen nach Palermo
die Hauptstadt Siziliens
auf dem fliegenden Teppich
nehmen wir Platz
der ist genau richtig
für unsere Reise

Wir begrüßen
Graf Cagliostro
mit seiner ägyptischen Freimaurerei
passt er doch bestens
ins Bild
Freimaurer
die besonders geschult sind
in der heiligen Geometrie
decken sie zum Beispiel
das Geheimnis der Cheops Pyramide auf
und stellen Berechnungen an
die in diesem Fall
besonderer Meisterschaften bedarf
wer beispielsweise
bislang dachte
die Zahl 144
sei lediglich
die 12 mit sich selbst multipliziert
ist in gewisser Weise beschränkt
zu nennen
sie ist die Zahl des höchsten Meisters
und ihr Zehnfaches (1440)
ist die Anzahl der Minuten eines Tages
und so weiter...

sicher war Cagliostro ein Scharlatan
und ein Hochstapler
Alchimist war er sowieso
(einer der Wunderkuren erfand)
aber er sorgte dafür
dass die Frauen
Zugang zu den Logen fanden
na bitte
immerhin etwas

sein schillerndes Leben
- er wurde letzten Endes zu lebenslanger
Freiheitsstrafe verurteilt -
wurde in Romanen und Filmen
verarbeitet
Johann Strauß (Sohn)
schuf ihm nichtsdestotrotz
einen eigenen Tanz
den Cagliostro-Walzer

Guiseppe Balsamo
wer so heißt
aus dem kann was werden :-)

Eike:

der findet sich eines Nachts
auf dem Donnersberg ein
die große Weltverschwörung
hier
sollte sie ihren Anfang nehmen

eine geheimnisvolle Kutsche
das Halsband der Königin
der Graf von St. Germain
Swedenborg
und die Rosenkreuzer
was haben sie herrlich
Theater gespielt
und sie ließen sich
am Gängelband
durch die Manege führen
die Grafen und Prinzen
die vielen kleinen Potentaten
es war alles nur ein Spiel
und die Throne purzelten
der geheime Rat in Weimar
ließ die Pappkameraden
Haltung annehmen
und machte sich schnurstracks
nach Italien auf den Weg
wohin sonst?
wollen wir ihn
in den Zitronenhainen
suchen gehen?
nein
dort hat sich der
Seume rumgetrieben
den Rinaldini
auf den Fersen
derweil sie sich stritten
und die Köpfe rauchten
der Generalissime
und Großkophtas
der illuminierten

TeufelsSatrapen
Pharaoninnengespielen
wie sie sich
in Rage tobten
und schlussendlich
in der Parkallee
in Gotha
ihr WeisHaupt
betteten
zur letzten Ruh
ach!
herrlich! herrlich!
was waren das
für pompöse Zeiten
Du!
lass uns noch
ein Weilchen
in Palermo bleiben
Walzer tanzen wir
hier nicht
hier
weht ein heißes Lüftchen
wollen wir uns
an die
Tarantella wagen?

Lisi:

Die Tarantella tanzen in Palermo
am besten
in den verstopften Straßen
da können die Autofahrer mal sehen

was Schnelligkeit bedeutet
vielleicht steigt ja mal jemand aus
und tanzt einfach mit
auf jeden Fall
auf dem Platz
San Domenico
wagen wir ein weiteres Tänzchen
da würde Velasco
bestimmt mal
gucken kommen
bevor er weiter an seinen Fresken malt
abends im Teatro Massimo
dort gibt man
sich die Ehre
die sizilianische
Cavalleria rusticana
die Mafia kennt sich
ebenfalls
mit Ehre aus
so eine richtige Familienehre
nennt sie das
auf jeden Fall
nach Mitternacht
an den Strand
von Mondello
im Sand liegen
und Cocktails trinken
keine schlechte Idee
ob Goethe
das auch getan hat
als er den Monte Pellegrini
zu Gesicht bekam
weiß ich nicht

jedenfalls
entzückte ihn die Heilige Rosalia
so sehr
dass er daraufhin
wahrscheinlich
mehrere Gläser Rotwein trank
oder war es andersrum
nachdem er den Rotwein
dann sein Entzücken

Eike:

Palermo
das sind
Friedrich der Zweite
und sein Falkenbuch
Verdi
und die sizilianische Vesper
Palermo
Orient und Okzident
nirgendwo war
ein näheres
Begegnen
hier sind sie
alle durchgekommen
und haben
ihre Lieder gesungen
die Troubadoure
auf dem Sprung
Jerusalem zu befreien

Das ist lange her
das ist beinahe
schon vergessen
ein Spiel der Phantasie
für uns beide
die wir
den Innenhof betreten
eines Palastes
der seinen Namen
nicht mehr kennt
in einer Straße
die zu schlafen
scheint

Tarantella

Was brauche ich
um diese herrliche
Frau zu gewinnen?
Einen Garten roter Rosen
brauche ich
schimmernde Steine
die ihren Schritt erhöhen
einen Brunnen
aus dem kühlendes
Wasser entspringt
einen Vogel
der ihre
Schönheit preist
den Baldachin
darunter sie

kandierte Früchte
süße Limonaden
erwarten
und meine Liebe
die ich ihr
in einer Umarmung
erweisen

Lisi:

Alles verwischt sich
am
Canal du Midi
in der Schleuse
gleicht
es sich aus
sagst du
und streichst mit
leichter Hand
die Zukunft
zurecht
so viele Platanen
stehen nicht mehr
aber doch
gibt es sie noch
ein Hausboot
lädt uns ein
eine Zeitlang
gemächlich
zu sein

Eike:

Sommertage.
Ins Wasser springen.
Plantschen.
Was das wohl für ein Vogel da ist?
Ein Vogel eben.
Der schwimmen kann.
Man muss nicht alles wissen.
Aber einen Namen soll er haben.
Er schaut so grimmig.
Ein GrimTaucher.
Krim? Du meinst, der taucht nach versenkten Sektflaschen?
Die russische Oligarchen hier haben über Bord gehen lassen.
Ach, die ...
Ja. Die sind so.
Denen ist alles zuzutrauen.
Plantschen ...
Wir klettern an Deck zurück.
Rubbeln uns ab.
Liegestühle locken.
Du ...?
Ich hätte da einen Dichter.
Ich hätte gerne etwas Limonade.
Mmmmmhhhh ... nun darfst du mir vorlesen.
Wer hat denn was von vorlesen gesagt?
Du sagtest, du hättest einen Dichter. Also habe ich gedacht ...
Ja, siehst du, so ging es dem Dichter auch. Der hat gedacht. Und gedacht.
Und heraus sprang ein Sonnenstrahl.

Da, schau! Der sich in deinen Bauchnabel
verkrochen hat. Man weiß gar nicht wie ...
Untersteh dich!
Sprach der Dichter:
'Oh there is blessing in this gentle breeze.'

Lisi:

'I wandered lonely as a cloud'
ganz ohne die Narzissen
da sah ich wie die Sonne wollt
den belly button küssen
es schien mir so verwunderlich
sie war doch gar nicht da
doch als ich näher schaute hin
rief sie auf einmal ja
mir wurd darob verrückt mein Sinn
und schaute immer wieder
da taucht ein grimm'ger Drache auf
hält in der Hand ein Mieder
und sprach
wie heisst du meine Holde
sie flüsterte
ich bin Isolde
da rief der Drache
nix wie weg
sonst kommt noch
Tristan angerannt
und kaum
dass er genannt den Namen
geschah es schon
begannen Dramen

'I wandered lonly as a cloud'
und ziehe langsam weiter
gleich wird es wieder heiter

Eike:

Rätselhaftes Begegnen

Vermaledeites Schloss
verteufelte Treppe
seit Stunden renne
wendele ich sie
rauf und runter
hoch
und wieder zurück
wenn ich nur erst
aus ihr herausgefunden hätte
ich sehe dich
ich rufe zu dir hinüber
du winkst mir zu
doch treffen
treffen tu ich dich nicht ...

Na, warte
ich bleibe jetzt hier stehen
stelle mir vor
Leonardo da Vinci zu sein
und ziehe
den goldenen Schnitt

Lisi:

Franz liebte Türme
wie jedes Kind
spielte er gerne mit Bauklötzen
und mit Spielzeugpistolen
als er 25 war
konnte er sich nicht länger beherrschen
Ich werde jagen und Türme bauen
rief er eines Tages in die Weltgeschichte
und Leonardo da Vinci
warf ihm eine Kusshand zu
und zwimkerte mit den Augen
Wenn du schön artig bist
entwerfe ich dir eine Wendeltreppe

Zwei, zwei rief Franz
es sollen zwei sein
und in der Mitte
ein Turm
dann kann man so schöne
Spiele machen
zum Beispiel
'Hasch mich auf der Wendeltreppe'
und er strahlte übers ganze Gesicht

Ei, rief er dann
und klatschte in die Hände
das wird ein Spaß
ich werde das Schloss
Chambord nennen
dann heisst später
der Vertrag nach ihm

Eike:

Wäre ich blind
was gäbe es für Geräusche!
die wären so groß
und übermächtig
ich denke mir den Wind
und das Rauschen des Meeres

ich kenne keine Furcht
ich stürze mich hinein
ich gebe mich dem Spiel
der Wellen hin
ich überlasse mich ganz
und sind da große Fische
die mich verschlingen
so verschlingen sie mich

sie verschlingen mich ganz
sie spucken mich aus
an einem fernen Ufer
jenseits aller Vorstellungen
jenseits des Ozeans
ich wate ans Ufer
ich spüre den Sand
unter meinen Füßen

der Sand ist warm
wie Federflaum so weich
ich höre unbekannte Stimmen
eine Sprache
die ich nie vernommen
ich deute zum Himmel hinauf

und auf meinen Mund

da sind Arme Hände
die mich umfangen
sie tasten mich ab
sie ertasten meine Lippen
meine Nase meine Augen
eine Gewissheit
steigt in mir auf

sie sind blind!
ich fühle
berühre
sie alle
sind blind
Blinde wie ich
ich
ein Blinder unter Blinden

nun weiß ich
um des Fisches Angesicht

Lisi:

Plastikmüll

Spätabends vor meinem Fenster
sprechen Strassenpassanten
schlecht verstehbar
ich trete näher ans Fenster
gerate in den Schein der Laterne
und schaue interessiert

auf den Hund an der langen Leine
er wittert mich nicht
nur den Geruch der läufigen Hündin
von vorhin nimmt er wahr

Die alte Frau
einmal in der Woche
sehen wir uns an
wir wissen uns beide
seit langer Zeit
haben uns aneinander gewöhnt
sie hat mich bemerkt
nickt mir zu
wie immer
sie klappt
den Deckel
der Mülltonne auf

Wir verwenden hier
keine Kunststoffartikel mehr
rufe ich ihr zu
Sie müssen also nicht mehr
nach Plastikflaschen suchen
Sie nickt und winkt mir
zum Abschied
zögerlich schlägt sie den
Mülltonnendeckel zu
Ich fühle mich unwohl
als ich sehe
wie sie unverrichteter Dinge
langsam fortgeht

ob wir uns noch
einmal wiedersehen?

Eike:

Es gibt eine Welt
hinter der Welt
und du bist das Bild
ihres Bildes

du wirst ihr
nicht nur wiederbegegnen

du wirst
durch ihre Augen sehen
du wusstest es bereits

es ist nicht das Höhlengleichnis
es ist ein anderer Sinn
du kannst weiße Mäuse sehen
wenn du sie sehen willst

du kannst ein zweiter
Mensch sein
du weißt es
nicht

manchmal
gibt es Erinnerungen
manchmal
taucht ein Erkennen auf
es kann auch eine Täuschung sein

du kannst dich auch
darin täuschen
dass du denkst

du wohnst in Düsseldorf
dabei ist es Tokyo
und eines Morgens
wachst du auf

und verstehst die Welt nicht mehr

du glaubst irre geworden zu sein
dabei hast du nur
die zweite Welt entdeckt

und wenn du sie dir
von den Augen streifst
hast du eine Dritte
dahinter gefunden

in dieser Welt
denkst du nicht mehr
in dieser Welt
bist du selbst

für dich
wird es keine Rolle spielen
wenn du
dies liest

es ist ja doch alles erfunden

Lisi:

Alles ein Irrtum
ich mittendrin
ohne zu wissen
ob ich es bin

alles was war
bleibt sich nicht treu
alles was sein wird
tut nur wie neu

wenn ich nur selber
genug an mich glaube
werde ich sehen
dass ich alles kann

wenn die Gedanken
ich mir fixiere
bleibe ich stehen
verliere mich dann

alles ist möglich
ich mittendrin
ohne zu wissen
wo ich grad bin

kein Grund zur Panik
nehme es hin
irgendwann seh ich
wer wirklich ich bin

Eike:

Sich ein Bild von der Welt machen

Wittgenstein sagt: Jedes Bild ist ein logisches Bild. Ein logisches Bild bildet die Welt richtig oder falsch ab. Und - abschließend: ein Bild kann nicht a priori wahr sein.

Ich stimme zu. Wenn die Philosophen anfangen sich hinter den Naturwissenschaften zu verstecken und aufhören spekulativ zu denken, sind sie keine Philosophen mehr.

Ich mache mir ein Bild. Sich ein Bild machen. Ein Bild machen von der Welt, die mich umgibt. Was ich sehe. Was ich sehe ist etwas anderes als das, was du siehst. Ich sehe die Welt mit anderen Augen. Als du. Ich erlebe die Welt. So, wie ich es erlebte. Bedeutet, dass du es anders erlebt hast. In meiner Erinnerung. Deine Erinnerung stellt eine andere Sichtweise dar. Das darf doch wohl nicht wahr sein. Aber ja. Ich habe es doch erlebt. Das sehe ich aber ganz anders.

Wenn das, was ich in Erfahrung bringen möchte, außerhalb unseres Universums liegt, werde ich außerhalb unseres Universums suchen gehen.

Lisi:

Es ist wahrscheinlich richtig, was du schreibst.
Nur, und ich denke, das ist die Schwierigkeit,
es ist die einfachste Lösung. Falls es denn
überhaupt eine ist. Es ist ein Vorschlag den
Philosophen unterbreiten.
Für mich auch sehr einleuchtend.
Aber doch vollkommen alltagsuntauglich.
Was wäre, wenn es nicht so ist. Wenn es doch
eine übereinstimmende Sicht gibt.
Wäre doch auch möglich. Dass wir uns nur
nicht genug bemühen, sie zu entdecken.
Einfach zu sagen, ja, Pech, du siehst es eben
anders als ich.
Das ist vielleicht ja ein Totschlagargument.
So kann ich immer auf der sicheren Seite sein.
Ich würde ja gerne, aber siehst du, es geht
nicht, weil ich es zwangsläufig anders sehe …

Wenn das, was ich in Erfahrung bringen
möchte, außerhalb unseres Universums liegt,
werde ich außerhalb unseres Universums
suchen gehen.
Klar, zunächst ist es nur eine Feststellung.
Wenn, dann … Logisch.

Aber, wann ist es soweit?

Woher weißt du, dass das, was du suchst
ausserhalb unseres (deines) Universums liegt?

Kennst du dein Universum tatsächlich so gut,
dass du weißt, dass das von dir Gesuchte, sich
nicht auf ihm befindet?

Eike:

Innerhalb und außerhalb des Universums soll
in diesem Bild den Gegensatz bezeichnen
zwischen dem was ich unmittelbar sehe und
erfahre, und dem, was sein könnte.
Vielleicht sollte ich besser von meinem
Kosmos sprechen. Meinem eigenen kleinen
Kosmos.
In dem ich mich bewege. In dem ich mich
finde. Wenn alles gut läuft.

Szenerie und Landschaft
das
was mich umgibt
wenig
bis kaum etwas
dann - wenn
ein grauer Himmel ist
der nieselt
eine alte
graue
bröckelige Treppe
unter klammen Bäumen
schwere Nässe
Feuchte

durchdringend
grau
Stufe um Stufe
Eigensinn
der auf Starrsinn setzt
dann -
wenn ich jetzt
über keine
Vorstellungskraft verfügte
dass ein anderer
Himmel sei
Farben
ich würde mich
auf die Treppe setzen
und weinen

Was alles möglich gewesen werden könnte

Die Brüder Wright haben sich
die spiegelblauen Reisebrillen
aufgesetzt
damit fliegen sie von
Vorgestern nach Gestern
und rund um die
Kornblumenwiese
Ken Kesey
hat das Podium erklommen
und Chingachgook
angekündigt
der wird gleich
die Zeremonie

zur Verleihung der
rotbefleckten Kaktusblüte
vornehmen
Sieger ist
wer den Stachel findet
Aber gerne!
hör ich mich rufen
das hat den Bären
aus dem Winterschlaf
gerissen
Unverschämtheit!
brüllt er durch den Saal
Stratokumuluswolken
haben sich ein Loch
in den Tender
der Union Pacific
gebohrt
daraus können sie
laut pfeifend entweichen
Ich! Ich!
piepst der Chipmunk
und zieht sich
den Stachel
aus der Pfote
die sehnt sich so
nach moosbepolsten
Händen
es finden sich keine
da muss der Chipmunk
weinen
Lyndon B. Johnson
kommt völlig zugedröhnt
durch die Tür getorkelt

Jetzt aber!
hör ich Geronimo flüstern
und reicht ihm
die Friedenspfeife
da sind wir alle
mit dabei
die Brüder Wright
erklären uns
warum zehn Pelikane
auf der Empore sitzen
wie die Engel im Hemd
und wohin
die Reise geht
nach Übermorgen
da waren wir noch nie
doch mit den Pelikanen
werden wir es schaffen
die Brüder Wright
tauschen ihre
spiegelblauen
gegen rosarotbespannte
Brillen aus
alle erheben sich
von den Plätzen
und singen
Auld Lang Syne
Hell! Yes!
sagt Uncle Sam
und zauselt sich
den Bart

Lisi:

Erkenntnis
oder:
langer Rede kurzer Sinn

übermorgen
weiß ich
endlich
was morgen
gewesen ist

bzw.

wenn ich in deinem Text lese
was alles möglich gewesen werden könnte
brauche ich mir um das morgen
keine Sorgen machen
ich weiß
ja heute
wie es war

Eike:

Ja. Mach dich nur lustig über mich.
Ich habe mich auch ungeschickt ausgedrückt.
Dunkel. Unklar.
Unscharfe Bilder geliefert.
Denn um Bilder sollte es gehen.
Bilder, die sich zusammenfügen.
Mein Ausgangspunkt das WasWäreWenn.

Was sein würde, wenn ich auf mich alleine
angewiesen wäre.
Zu sehen was mich umgibt.
Auf der Erde.
Und darüber.
Der Himmel.
Die Sonne.
Der Mond.
Die Sterne.
Mehr wäre da nicht.
Was ich mir wohl für Vorstellungen machen
würde?
Doch da sind die vielen Generationen vor mir
gewesen.
Die haben gedacht.
Die haben geforscht.
Die haben sich Vorstellungen gemacht.
Auf deren Wissen baue ich auf.
Ich. Und du.
Das eint uns.
Und doch gewinnt jeder seinen eigenen Blick
auf die Welt.
Das trennt uns.
Und doch auch wieder nicht.
Weil wir darüber sprechen.
Wir tauschen uns aus.
Das macht uns beide reich.

Ich möchte dir einen Vorschlag unterbreiten.
Lass uns ein Experiment durchführen.
Suche uns ein Bild, ein Gemälde.
Und wir beide beschreiben, was wir darin
erkennen, was wir empfinden.

Dann werden wir weitersehen.
Und darüber reden.
Wenn es dir recht ist ...

Lisi:

Das mach ich doch gerne!
100 Years Ago
Öl auf Leinwand
Peter Doig (geb. 1959 in Edinburgh)

Es existieren verschiedene Versionen davon,
ich hab diese ausgewählt.
Wir beschreiben es beide, und drücken unsere
Empfindungen aus.

Eike:

Das Bild.
Längsformatig.
Und ein großes Kanu querrüber.
Zu groß. Zu lang.
Für den einen bärtigen Mann, der darin sitzt.
Lanhaarig ist er auch.
Der JesusTyp.
Kanu und Mann spiegeln sich im
spiegelglatten Wasser.
Auch Wolken spiegeln sich darin.
Obwohl der Himmel im Hintergrund
verhangen ist.
Zwei unterschiedliche Himmel.

Sonne von oben.
Außerhalb des Bildes.
Erst dachte ich, es sei das Meer.
Dann ein See.
Wahrscheinlich ist es eine Bucht an der Küste.
Das Wasser nimmt vier Fünftel der Fläche ein.
Fläche ist der richtige Ausdruck.
Flächig ist es.
Sehr bestimmend.
Auch in der Ruhe, die von ihm ausgeht.
Quer darin also das Kanu.
Kanu, aufrecht sitzender Mann, und die Spiegelung dazu ergeben die Form eines Kreuzes.
Das ist wohl ein Zuviel an Bedeutung.
Oder etwa nicht?
Weil ich die zwischen Meer und Hintergrundhimmel aufragende Insel noch gar nicht erwähnte.
Es ist Böcklins Toteninsel.
Die Umrisse stimmen.
Es ist eine nördliche Toteninsel.
Es liegt Schnee darauf.
Der bärtige Langhaarige wartet.
Auf seine Überfahrt.
Oder auf jemanden, der bald ans Ufer treten wird.
Den er hinüber bringen wird.
Er also der Fährmann.
Es könnte auch eine Gruppe von Reisenden werden.
Nördliche Helden.

Auf dem Weg nach Avalon.
Es ist ein Warten.

Lisi:

Einsam in einem Boot sitzend
zeigt er sich uns
der bärtige Mann
bevor er versinkt
er scheint viel gesehen zu haben
ist wissend geworden
fällt in einen Farbenrausch
der erkannten Sehnsucht
sein Kanu löst sich schon auf
das Meer wird sich kräuseln
beim Eintauchen
leichte Wellen
treiben
zu einer Insel mit Zypressen
hier wartet neue Einsamkeit
Sehnsucht
verflogen
nach 100 Jahren
immer
wird sie
wieder neu

Das Kreuz!
Es war mir sofort im Blick, als ich dieses Bild
vor einiger Zeit sah.

Und doch hab ich es heute gar nicht wahrgenommen.
Das finde ich äußerst interessant.
Und für mich war es klar, dass sich das Boot auflöst.
Und den bärtigen Jesus Typen hatte ich zunächst Messias genannt.
Weil er mir dann aber nicht zur "Auflösung" passte,
hab ich 'Messias' wieder verworfen.
Das flächige Bild, natürlich,
aber dermaßen selbstverständlich,
dass es mir nicht weiter beachtenswert war.
Wenn du Böcklins Toteninsel erwähnst, zu Recht, wie ich finde,
passt doch "meine Auflösung" gut hinein.
Alles kann sich dort zur Ruhe betten.
Und es kann wieder etwas daraus erwachsen.
Wie ein Findling, auf dem die versteinerte Zeit manchmal wilde Pflanzen wuchern lässt.
Oder ob da doch ein Fährmann sitzt, wie du schreibst.
Der uns bittet Platz zu nehmen. Das Boot ist noch lange nicht voll.
Und Jesus wird es nicht untergehen lassen, oder doch?

Eike:

Du bist auf den Titel des Bildes eingegangen.
Das habe ich missachtet.
Es könnte auf Böcklins Toteninsel anspielen.

Muss aber nicht.
Nun habe ich gelesen, dass es die
Gefängnisinsel Carrera in der Karibik sein
solle.
Der Schnee wäre dann blütenweißer Sand.
Kann sein.
Muss aber nicht.
Ich weiß auch nicht ob diese Feststellung von
Peter Doig selber stammt.
Ich vermute mal: Nein.
Warum sollte er sich festlegen?
Und wenn es die Gefängnisinsel wäre?
Dann hätte er sich endlich befreien können.
Nach hundert Jahren der Gefangenschaft.
Oder - so kommt es ihm vor.
Dem bärtigen Langhaarigen.
Der nun in einem morschen Kanu zu fliehen
versucht.
Das gleich im Meer versinken wird.
Beim Eintauchen leichte Wellen treibend.
Und die Sehnsucht ...
vergeht
im Auge des Betrachters.

Wie schön, dass es die Kunst gibt.

Lisi:

Mein persönliches Schluss Resümee:

Liebe Lisi
wenn du gefälligst

etwas sorgfältiger
sein wolltest
es wäre dir sehr anzuraten :-)

Eike:

Halt! Stop!
Da ist keine übereinstimmende Sicht.
Das ist auch noch lange nicht die
übereinstimmende Sicht in Sachen
Bildbetrachtung.
Wir müssen aber auch zu keiner
Übereinstimmung kommen.
Ich jedenfalls fühle mich durch das, was du
dazu sagtest, bereichert.
Und angeregt, denke ich, hat es uns beide.
Zu mehr.
Zu was noch?

Lisi:

Henri Matisse: Badende mit Schildkröte

Eine Traurigkeit liegt in dem Bild
Die einzige Lebendigkeit zeigt die Schildkröte
Sie lässt sich locken
von dem sich hockenden Mädchen
scheint aufgeschlossen ihm gegenüber
Die beiden anderen Frauen
wirken unschlüssig

Die Stehende schiebt sich einen Strang ihrer schwarzen Haare
in den Mund und betrachtet die Szene
die Sitzende scheint versunken in sich selbst
als wolle sie in der Distanz bleiben
Sorgenbeladen
scheinen die drei Nackten zu sein
es zeigt sich keine
Aufheiterung
selbst das Meer wirkt
starr und gesättigt
wie unbeteiligt

Eike:

Drei nackte Menschen.
Figuren, Statuen ähnlich.
Eine in der Hocke. Eine Rückenansicht.
Den Körperformen zufolge eine Frau.
Eine stehend. Eine Frau.
Entweder sie kaut an ihrem Haarzopf oder an den Nägeln.
Eine weitere Frau in sitzender Haltung.
Sie hält den Kopf gesenkt.
Betrachtet die kleine rote Schildkröte.
Ihnen zu Füßen.
Die krabbelt da längs.
Die hockende Figur scheint ihr etwas hinzuhalten.
Ein Blatt Salat?
Die Schildkröte macht einen interessierten Eindruck.

Man könnte eine Dreiteilung vornehmen.
Der abstrakte Hintergrund: drei Stufen blau.
Himmel. Fluss. Uferwiese.
Eine Gruppe von Plastiken: drei Frauen in
unterschiedlicher Körperhaltung.
Eine kleine rote Schildkröte.
Dennoch ist die Anordnung der Figuren nicht
beliebig. Sie sind nicht verrückbar.
Zunächst erschienen mir die Frauenfiguren
isoliert.
Untereinander.
Abgesetzt gegenüber dem Hintergrund.
Und erschrocken im Angesicht der
Schildkröte.
Doch je länger ich das Bild betrachtete,
änderte ich meine Meinung.
Sie sind hingebungsvoll.
Versunken.

Lisi:

Im Traum
ein doppelter Regenbogen
am Feldrain
wachsen sich
seine Farben
langsam ins
nicht mehr Vorhandene
auf meinen Armen
die ganze Welt getragen
Stille empfangen
und wie sie schmolz

und etwas übrig ließ
eine Kugel
verrollte sich später
an Bächen entlang
an Meeren
unmöglich
sie aufzuhalten
sie ernährte sich unterwegs
es kam ihr doch alles entgegen
wuchs immer mehr
eine Welt
die ich tragen kann
im Traum

Eike:

Meine Träume
verschweigen sich mir
es ist ja nicht so
dass sie wild wuchern
in jeder Nacht
sie dürfen mir gerne
auch heimlich
durch den Kopf spazieren gehen
nächtliche Sonnenblumenfelder
besuchen
denke ich mir
darin schaukeln sie sich
was machen eigentlich
Sonnenblumen bei Nacht?
sie lassen ihre Köpfe hängen
so habe ich gehört

aber nur weil sie schlafen
und ich mit ihnen
von Träumen bewacht
denn das tun sie
sich schaukelnd
zählen sie Sterne
und wenn der Mond herabsteigt
eine golden glänzende Kugel
begleiten sie ihn ans Meer
halten staunend
ihren TraumBlick offen
bis die Sonne aufsteigt
drehen die Sonnenblumen
ihre Köpfe
eine Bewegung
in einer Begegnung
so hoch
so weit
und Leben fällt herab
und haucht mir
Küsse auf den Mund

Lisi:

Von Sonnenblumen
wie sie mich anblicken
und höher wachsen
aus dem Blickfeld mir
geraten
damit die Vögel
keine Brillen brauchen
wahrscheinlich

haben Äpfel rote Wangen
um gesehen zu werden
denn Adam und Eva
trugen auch keine Brillen
also war erröten angesagt
nicht wegen der Nacktheit
wegen des Erkennens
beim Apfel

Eike:

Also kamen
Feigenblätter in Mode
später wohl Baströckchen
und Shorts
etwas kratzig
darum wurde frühzeitig
das FKK erfunden
Not macht schlau
und da nun
- ausgerechnet -
die Kirschen reiften
begann das große
Kuchenbacken
Sahne
wurde steif geschlagen
die tupften sie sich
auf diversen pikanten
Körperpartien auf
darum spricht man auch
von Sahneschnittchen
und Sahnebonbons

woraus wir erkennen können:
nichts ereignet sich
von Ungefähr
in diesem Leben

Lisi:

Und das mit den Kirschen
sie wachsen nicht
nur wegen der Sahneschnittchen
es wurde der erste Contest daraus
nicht umsonst
sind die Kirschkerne
im Mund
so überzählig
man spuckt sie aus
wenn weit genug
bekommt man
ein Sahneschnittchen
und wer darin einen Kern entdeckt
wird König
und kann sich viele Sahneschnittchen leisten
daran sieht man
wie wichtig es ist
Kühe zu haben
denn ohne Kuh
keine Sahne
und der König
fällt auch flach

Eike:

Ach du Schande
das gerät ja nun
zur Evolution
im Schnelldurchlauf
der König
wird durch den
Großbauern ersetzt
und der baut sich
Schweinemastanlagen
und legt sich
Gülleverstreumaschinen zu
damit wir die Fenster
weit öffnen
wenn wir
aufs Land hinaus fahren
von der frischen
Landluft schwärmen
träumerischen Blicks
damit wären wir fast schon
an den Anfang zurückgekehrt
ich meine - zum Träumen
denn wir haben dies alles
ja nur geträumt
darum kam mir eben
die Romantik in den Sinn
ich hätte da
eine interessante Geschichte
anzubieten
aber das braucht noch
eine Weile
und dir fällt bis dahin

ganz bestimmt
etwas Neues ein
und was macht der
Jack eigentlich
haben wir den
irgendwo vergessen
oder kommt er ganz
von alleine vorbei
geflogen
mit dem roten Doppeldecker
aus dem Nirgendwo
vielleicht auch
aus dem Neverland?

Lisi:

Jack träumt gerade ohne son
im Neverland
da gibt es keine Schweinemast
da gibt es Indianer
mit Friedenspfeifen
auf denen spielt Peter Pan
ein Wiegenlied
für sein Glöckchen
nicht so
wie du denkst
ich freu mich manchmal
wenn die Sonne traurig ist
und nicht mehr so heiß scheint
wie gestern erst
mir war so heiß
ich sehnte mich

nach einer dunklen Wolkenwand
und als es prasselte
da war mir wohler
heut' will sie nicht mehr kommen
die liebe Sonne
weil sie ganz irgendwo
in einer Ecke steht
als hätte sie einen Grund
sich zu schämen
ich schick ihr
den roten Doppeldecker
vielleicht
fühlt sie sich animiert

Eike:

Solch ein fliegender Doppeldecker
der kann zwar nicht
zur Sonne hin
ihr aber
eine Nachricht zukommen lassen
günstig
wenn gerade der Vogel Phoenix
vorbeigeflogen kommt
der sich von den Zwängen
der Materie befreit
und Wolken umleiten
kann er auch
der Jack
fliegt mal
eine Runde
in deine Richtung

und hängt einige Schilder raus
WolkenUmleitungsSchilder
Wolken 'one way'
und zwar in diese Richtung
>>>>>>>>>>>>>>>>>
weg von dir
halte dich also bereit
wenn er dich
abholen kommt
wird er durstig sein
falls du keinen Whisky
im Haus hast
ein Kasten Bier
tuts auch

Lisi:

Hast du vergessen
wo ich wohne
da schickt man
den Doppeldecker
gleich in Pension
da kommen
Tiefdecker
angeflogen
da würde der Phönix
aber staunen
und Jack
hätte immer
Sandalen
an den Füßen
weil er ein Scheich wäre

und mit den Emirates
zwischen Dubai und Düsseldorf
pendelte
und kostenloses WLan
haben sie
an Bord
da kann Jack
die Wetterseiten abrufen
und der Sonne sagen
wann sie
zu kommen hat
da kann sich der Phönix
ruhig wieder
in seine Asche legen
und Funken sprühen
vor Neid

Eike:

Dann wäre das ja die reinste
Donquichotterie
die wir da betreiben
also lieber ein weißes
Bettlaken genommen
ein Loch hineingeschnitten
einen Putzlappen
über den Kopf gestreift
eine Kordel drum geschlungen
dir würden wir noch
einen falschen Bart ankleben
schon ginge das los
firstclass einmal

um die ganze Welt
und der Jack
könnte seinen letzten
Nickel verspielen
ich hab sogar noch
zwei ganz alte
einen mit Bison-
einen mit Indianerkopf
apropos
könnten wir nebenbei
Monument Valley besuchen
uns Pferde mieten
und wie die Blöden
herumgaloppieren
ein wüstes Geheul anstimmen
in null Komma nichts
hätten wir das FBI
Nationalgarde und
Paramilitärs am Hals
hei! was hätte der Donald
was zu Trumpäten
die Hillary käme angeflogen
uns schützend
in den Arm zu nehmen
nein! ich glaube
das lassen wir lieber

Lisi:

Der Bach zum Hudson

Wenn die Flut
den Hudson besteigt
und sich unter
sein Wasser schiebt
lass uns die Reise beginnen
über dem Ästuar
bestimmender Mond
in der Ferne
sanftes Gebirge
in der Bucht
beschützte Schiffe
fürchten die Piraten nicht
im Sternenspiegel
des pendelnden Wassers
bleiben schlaflos unsere Augen
saugen sich an Nixen fest
die dem Licht entsteigen
ganz eigen die Gegend
ein kleiner Bach
entläuft dem See
taumelt vor Glück
schlingert
so selig
fällt ganz verwundert
windet sich fröhlich
und spielt
wie ein Kind
das sich selber
zulacht

treibt der kleine
glitzernde Bach
zum Reich
des mächtigen
Hudson

Eike:

dort ist ein
Wolkenschlafsaal auch
werden die Wolken müde
steigen sie nieder
breiten sich aus
lauschen
Hiawathas Schritten
der in Gedanken geht
die Wälder durchstreift
am murmelnden Bach
lässt er sich nieder
zum tiefen Grund
seine Augen versenkt
folgt er dem Weg
der klingenden Steine
die wandern zu Tal
dem großen
Hudson entgegen
unabschätzbar
an Zahl
unabsehbar die Zeit
ihrer Wanderung
der große Geist
hat es

für richtig befunden
fragt
Hiawatha
warum

Lisi:

Der sich verantworten muss
der einzuschätzen weiß
also geschieht es ihm
Weisheit zu sagen
Hiawatha
umsponnen
von Gedanken
die kommen und gehen
in die Dunkelheit
in das Tageslicht
und gäb es nicht
die Spuren der Natur
wäre kein Himmel da
der eine Prophezeiung
in sich trüge
und keine Lüge
nur
ein Wissen
um verschütteten Geist
der Murmeltiere
schlafen lässt
am Tag
betrachtest du
Hiawatha
siehst du die Demut

neben
dem Stolz
in seinen Augen

Eike:

Stolz
der nach Vorurteilen rief
pride & prejudice
auf kleinen Landgütern
bevorzugt ausgebrütet
da wurde vorgespannt
wenn es zum Tee
zu den Nachbarn ging
Konversation zu betreiben
Umschau zu halten
ein UnterDieHaubeBringen
war Thema genug
unausgesprochene
Langeweile
versteckte Nicklichkeiten
der Umtriebigen
das Salz in der faden
georgianischen Suppe
später ist sie
viktorianisch geworden
da kam noch etwas
Pfefferminzsoße hinzu
die wurde überall
übergegossen
ein AugenAusreißen
wären nicht

die kleinen Fluchten
geblieben
ins Himmelreich
der Phantasie
Angria & Gondal
da schnatterten
die Spatzen
winzige Königreiche
übernahmen das Spiel
das Leben schaffte
für Augenblicke
saß die älteste
der Schwestern
am Klavier
spielte einen Marsch
von pomp & circumstance
'schneidig, schneidig!'
rief die Tante
Verehrer
drängten heran
schwindsüchtige Gestalten
denen waren
keine dreißig Lebensjahre
beschieden
nicht genug
eine Familie
zu erhalten

Lisi:

Ein letzter Versuch

Weit entfernt vom Anblick des Lila
reinste ungemischte Farben
müssen nicht zittern
höchstens vibrieren
wie elektrische Zäune
in denen es summt
wie hat denn Pandora
die Büchse geöffnet
vor allem auch
womit
heutzutage
verrät dir
ein Hinweisschild
in drei Sprachen
wo du
die Öffnung findest
ring pull Verschluss
den haben die Griechen
nicht erfunden
nur weil sie Pandora
das Leben schwer machen wollten
beim zweitenmal
ist die Hoffnung
endgültig gewichen
dass das Leben
leicht würde
war damit ausgeschlossen
nur wegen dieser Büchse
aber immerhin

kann man beim Griechen
gut essen
enttäuscht
besingt Mireille die Akropolis
weil die weissen Rosen
dort nicht mehr blühen
dabei hat sie
den Lippenblütler
Micromeria acropolitana
übersehen
arg gebeutelt
hat er überlebt
weil er die Hoffnung
nie aufgegeben hat
wuchert er fröhlich
vor sich hin
lila
war sein
letzter Versuch

Eike:

Wäre es so
war es eine kluge Entscheidung
auch die Pfefferminzen
die wir hierzulande ziehen
wissen sich zu behaupten
die sind zäh und ausdauernd
die wachsen jedes Jahr
von Neuem auf
unerschütterlich
auch wenn du sie

längst aufgegeben hattest
die tragen ihr lila
erhobenen Hauptes
wie ihre kleine Schwester
vom heiligen Berg
die krallte sich
in den Felsritzen fest
und eines Tages
ließ sie es zu
und erlaubte
sich wiederentdecken
zu lassen
wie um zu beweisen
dass lila die Farbe
des Mystischen sei
des Undurchschaubaren
nicht Einzuordnenden
nicht blau nicht rot
ein karges Dasein
dazwischen
wie trockenes Fastenbrot
nicht klein zu kriegen

Lisi:

Soviel Zähigkeit
wofür
wenn sich alles entleert
fällt die Hülle
bedeutungslos
geworden
in sich zusammen

wie einer
der ankommen will
und abgewiesen wird
weil man keine Verwendung
für ihn hat
er legt sich unter die Treppe
-mit einem erloschenen Stummel
zwischen den Lippen
trägt man menschliche Züge
im Gesicht
solange der Mund
nichts anderes will
hält er fest-
und schläft
die Sonne bescheint ihn
und der Mond
tagtäglich
bis seine Zeit
aus den Fugen gerät
weil kein Dazwischen ist
die Zugvögel
konnten ihn nicht mitnehmen
sie blieben einfach aus
es gingen Menschen
an ihm vorbei
die schauten nicht unter die Treppe
die hatten ihre Betten
im Zimmer mit den verschlossenen
Fensterläden
gegen die Hitze
gegen die Kälte
der Unverwandte
hingegen

lag ohne Schutz
der Stummel neben sich
auf dem Boden
unverändert
wie genmanipuliert
so hartnäckig
unbelehrbar
wie der Eine
als der seinen
letzten Atemzug tat
war er ihm
einfach entfallen

Eike:

Es gibt Plätze
Orte
wo es sich
bequemer stirbt
als anderswo
unter der Treppe
das wäre so ein Ort
wenn auch nicht
der rechte Platz
ist es doch so
als ob man nach dem Tod
mit der Fliegenklatsche hiebe
der reißt dich fort
von Riesenrädern
Pissoires auch
jenen
die neugotische

Verzierungen tragen
aus Berlin
das heute
und Rom
das zu seinen Zeiten
der multiplen Pestilenzen
sicherlich nicht
die schlechteste aller
Adressen war
da zog der
Doktor Schnabel
durch die Stadt
der zerrte die Sterbenden
ans Licht
der zerrte sie
unter jedem
Treppendurchgang
noch hervor
da freuten sich
die Krähen
die draußen
in den Bäumen saßen
in den alten Gemäuern
ihre Brutstatt hatten
das waren fette Zeiten
da wurde mit Herz
und Verstand gestorben
da wurden Lieder gesungen
vom Verderben
der Könige
des Nachts
wenn der rote Sichelmond
steht

über der Stadt
zieht der Tod ein
und kehrt aus

Lisi:

Das Beste aber ist die Larmoyanz

die grünen Tomaten
die zu wenig Sonne haben
die arme Katze
wie sie die Treppe runterrollt
sie ist schon ganz buckelig
wie er immer rülpst und spuckt
am frühen Morgen
wenn im Spülstein
eine schwarzblaue Fliege surrt
bevor sie abhebt
und das Spülwasser gurgelt
ehe es abfließt
weil der Abfluss mit Fischgräten
verstopft ist
es ist doch nicht zu fassen
schlägt einer sich vor die Stirn
beschmiert die Jugendstilkacheln
der Toilettenwände
und die schillernden Schmeißfliegen
wissen erneut um ihr Dasein

und eben habe ich gelesen
dass man aus einem Rest
unausgetrunkenen Kaffees

Bilder machen kann
wenn man ihn
auf weisses Papier
schüttet

und die entstehenden Flecken
beim Namen nennt

und ich kenne einen Dichter
der will unbedingt ein Melodram
obwohl sich die Liebe anbietet

Eike:

Wenn man mit 30 kmh
bucklige Holperpisten
großStädtischer Baugruben
zu durchleiden hat
sich dabei
die Frage
im Kopf zu wälzen
beginnt
ob der Mensch
in diesem Zustand
noch das denkende
Schilfrohr Pascals
zu bleiben imstande
wäre
und ob
die Musik Strawinskys
nicht notwendig
eine Geschwindigkeit

von (sagen wir einmal)
6000 kmh voraussetzt
dann gerät der Begriff
großStadt
zu einem Runkelmärchen
einem GelächterSchlächter
und wenn da nicht
die bunten Wimpel
über die Straße
gespannt wären
würden zwei Sack Zwiebeln
nicht ausreichen
meine Tränen zu stillen
angefüllt von Liebe
wie ich bin
dürstend nach
gehärtetem Stahl
(aber nicht doch)
oder Tee
der
im Übermaß genossen
wie alles
(Chesterton weiß es)
was aus dem Orient kommt
Gift ist
und welche Bilder
aus dem Kaffee
zusammenzufügen wären
(sofern er einen
nicht umgebracht hat
- Melodram! -)
wird ein Experiment
erweisen

mit Strawinskys
Feuervogel im Ohr
bei 6000 Sachen
Richtung Orion
dort soll es die kleinsten
Schafsböcke geben
(stand im Prospekt)
ich verstehe auch nicht
wie man da
stolz drauf sein kann

aber wenigstens wäre ich
die großStadt los

Lisi:

Es jammert mich der Feuervogel
der hat sich in Apostelbärten verfangen
genauer gesagt war es Petrus
er griff daneben als er zuschnappen wollte
und wusch hing er ihm im Bart
zehntausend Telegraphenmasten
hatte er vorher geschickt umflogen
und dann sowas
da wird das Plundergebäck
noch weicher als sonst
und der Puddingflecken kriegt
so eine fiese Schicht obendrauf
das störte Strawinsky aber nicht
er schlang es hinunter ohne zu überlegen
war nämlich gerade beschäftigt
mit der Nachtigall

die sollte den Feuervogel
aus den Zwängen des Bartes befreien
sozusagen freipicken oder singen
ein Individuum in blauer Uniform
ruft mir zu er sei ein Postbote
will man mich für dumm verkaufen
die Post ist immer gelb das weiß jedes Kind
und richtet sein Auge auf China
es tritt den Drachen vors linke Schienbein
so ruft es dann
das hätten wir
und der Halleysche Komet kommt mit
Karacho
um die Ecke
mit mindestens 6100 km/h
da verbeisst sich der Feuervogel
vor Wut nochmal in Petrus Bart
beim Barte des Propheten
ruft er dann äußerst ärgerlich
und die Hühner im Bett
tanzen Ballett

Eike:

Wie du jetzt auf die Hühner
gekommen bist
ist mal wieder eines
dieser malefizzen Ereignisse
wie sie nur einmal
im Leben vorkommen
und dann gleich hundertfach
ich habe nämlich heute

auch ein Huhn streicheln dürfen
es gibt auf dem Orion
nicht nur diese winzigen Schafsböcke
auch Hühner
die sind so klein
man bekommt kaum ein Korn
in ihren Schnabel gezwängt
die armen Dinger dauerten mich
da bin ich weiter geflogen
beim Sirius um die Ecke
hat mich ein Hund angebellt
den kennst du doch schon
dachte ich
doch es war ein anderer
ein afrikanischer Wildhund
der reiste als Anhalter durch
die Galaxis
nun hatte er aber genug
und wollte zurück in den Zoo
also habe ich ihn mitgenommen
unterwegs erzählte er
wie er mit Hemingway auf den
Kilimandscharo gestiegen ist
dort hat jede Menge Schnee gelegen
also hätten sie sich
Schlittschuhe untergeschnallt
er hätte die Irina Rodnina geben müssen
das hätte ihm dermaßen gestunken
dass er in die Galaxis aufgebrochen wäre
jetzt wollte er aber zurück
weil alle seine Verwandten
in Hellabrunn untergekommen sind
dort gäbe es Schafsbraten satt

hätten sie ihm erzählt
armer Hund
sagte ich
und wollte ihm den Kopf streicheln
da hat er nach mir gebissen

Lisi:

Heute
fast
nichts
nur starren
auf die Spitze
des Stiftes
Punkte auf
Papier malen
sie aufspießen
durchstechen
auf der Rückseite
die Löcher
zurückdrücken
tun als sei
alles in Ordnung
vordergründig
betrachtet
fast
ja

Eike:

In einem tristen Café
plörrigen Milchkaffee trinken
die Wasserpfützen
ringsum
dann die Regenrillen
darinnen
zählen
vergebliche Versuche
einen Vogel aufzufinden
einen nur
nicht einmal
die Schwäne
die Gänse
haben sich alle verkrochen
auf dem Fluss
die Einsamkeit
von Hochwassern
die sich
ihre Opfer ausspähen
ich
auf einer Bank
unter einer Silberpappel
deren Blätter
dermaßen mit Wasser
vollgesogen
nicht einmal Herkules
wollte sich damit
bekränzen

Lisi:

Verstreut sich
Grübelblick
über das Feld
und sucht
nach Hasen
die dort hoppeln
doch leider
findet er
sie nicht
dafür nur
jede Menge
Stoppeln

Eike:

Ich könnte ja mal
überlege ich
während ich
den Grübelblick übe
ich könnte ja mal
den Himmel
zu Hilfe rufen
den wirklichen Himmel
den
der immer blau ist
also den Himmel
hinter den grauen Wolken
weil Blau
die Farbe der Götter ist
die dulden es

nicht anders
die baden morgens schon
im strahlendsten Azur
reiben sich die Haut
mit einer Paste
von reinstem Lapislazuli
das lässt sie golden flimmern
da ist sogar
der Immanuel Kant erstaunt
gerät ins Schwärmen gar
wenn er den gestirnten Himmel
über sich anruft
wird dann aber gleich
wieder stocknüchtern
irdisch grau
wie es sich
für einen ordentlichen
Preußen gehört
besinnt sich
auf das moralische Gesetz
das in ihm steckt
zapperment nocheinmal
wo das Blau
so nah
also
so
so
nah
vor
seiner
Nase
schwebte
dabei war das Mikroskop

schon längst erfunden
und mit einem Schlag
hätte er
Licht und Finsternis
in einem
finden können
das
wilde
vernichtende
Blau

Lisi:

Unterwegs durch wechselnde Orte
gegen Morgen schneller geträumt
vor die Fensterscheiben
fallen gewohnte Geräusche
einsame Reden schwingt
der Mann im Radio
eine Stunde später
steht die Fensterscheibe
geräuschlos im Zimmer
zwischen Decke und Boden
etwas Anstößiges
der Himmel hat sich dünner gemacht
einseitiger das Wolkengebirge
umrahmt drei Tannen
die unangenehm ins Auge fallen
mit ihrer Dunkelheit
dann lieber nach links
da blenden Gedanken
die Morgenverderber aus

streckenweise balanciert
der blinde Fleck in leerer Landschaft
keine Absturzgefahr
die Dunkelheit ist weiter rechts

Eike:

Als ob die sieben mageren Jahre
begonnen hätten
so kommt es mir vor
wie damals
als Ishtar
von Gilgamesh
in ihrer Liebe verletzt
dermaßen gekränkt wurde
dass sie ging
den Himmelsstier zu fordern
der alle Gräben
des Unheils
aufzureißen begann
auch wenn er letztlich
bezwungen wurde
Helden unterliegen nicht
wenn das Epos
seinen Anfang nimmt
doch leiden müssen sie
bis ans Ende
unweigerlich

was also zählen
der Göttin
Unsterblichkeit

der ewige Ruhm
des Helden
wenn die Liebe dahin

Lisi:

"was also zählen
der Göttin
Unsterblichkeit
der ewige Ruhm
des Helden
wenn die Liebe
dahin"
...
sagte der Spekulant
und verlor
sein Augenmaß

Eike:

Da wundere sich einer
wenn der Bär
den Stier auf die Hörner nimmt
oder war es umgekehrt?
jedenfalls purzelten die Aktienkurse
und weltabgeschiedene Täler
bekamen Konjunktur

Lisi:

Es war der Löwe
er rieb sich
am achtzackigen
goldenen Stern
der gerade
dabei war zu fallen
die Konjunktur
schämte sich
so sehr
da half das Tal
dem Stern
wieder hoch

Eike:

Wie gut
dass es Flussmündungen gibt
Deltabildungen
die gleichen alles
wieder aus
verschlucken den Sand
und spucken ihn
an den Strand
wo Nichtsahnende
ihre Picknickkörbe
auspacken

Lisi:

Die Schleusen können das auch
und die Schiffshebewerke
da steht die Crew
schwitzend auf dem Deck
und versucht
nicht anzuschlagen
dabei
führt die Technik
sie doch
in ruhige Gewässer

Eike:

Also die Kippe
ins Wasser geschnippt
die Hände
aus den Taschen gezogen
höchste Zeit
das erste Bierchen
des Tages zu zischen
der Kahn
wird seinen Weg
schon finden
er kennt den Fluss
der Fluss kennt ihn
und wenn wir kentern
fressen uns die Störe

Lisi:

vielleicht dann doch
den Kanal wählen
seiner Begrenzung
den Vorzug geben
weniger Sensationen
und Sehenswürdigkeiten
dafür eine Unaufgeregtheit
ohne Störe
beim Kentern
geradliniger Tod

Eike:

Die Vernunft
hat ihren Zweck
in sich selbst
wenn also
das Verlangen
nach Erkenntnis
in dir reift
ein unbeherrschter
Drang
nach Höherem
nach Luft
Spiegelgeistern
beispielsweise
lass dir gesagt sein
dass Subjektivität
allein
die Welt so finden wird

wie sie beschaffen
ist
das Hebewerk
defekt
müssen wir
uns gedulden
die nächste Kneipe
ist nicht weit
und schon wieder
wird Bier getrunken
der Tod
kann warten

Lisi:

Wahrscheinlich
setzt die Erkenntnis
sehr viel Bier voraus
ehe sie sich
zu erkennen gibt
und pfiffig tut
dabei war es
es der Pfiff
der Eisenbahn
der Zug ohne Wiederkehr

Eike:

der ist vorbeigeflogen
ohne Schaden anzurichten
das Bahnwärterhäuschen

hat sich vielleicht
um ein Grad weiter
nach Norden verbogen
das ist aber keinem
von uns aufgefallen
waren wir doch alle
mit dem Knobelbecher
beschäftigt

Lisi:

... schön zu hören, sagte sie,
und ersparte sich den Trost,
der ohnehin neben den Knobelbecher gefallen
wäre....

Eike:

... da liegt er nun in der Bierlache
und freut sich wie Bolle

So ein Trost hat ein sonniges Gemüt
und manchmal noch ein Pflästerchen parat ...

Lisi:

.... das mag schon sein, funktioniert aber nur,
wenn der Klebestreifen des Pflasters
nicht dem Verfallsdatum anheimfiel.
So wie der uralte Verbandskasten im Auto.

Eike:

Da fällt mir doch
eine Geschichte ein
von einer Schar Frösche
die leben in einem Teich
am Niederrhein
einstmals sind sie
lustige Kegelbrüder gewesen
fröhliche Zecher
die frönten
- nein -
diesmal war es
nicht das Bier
es war der Wein
da hat der Teufel
sie zu sich gerufen
das mochte der Gott Bacchus
gar nicht leiden
und hat sie befreit
doch irgendetwas
muss schief gelaufen sein
denn sie sind Frösche
geworden
und geblieben
es fällt ihnen
aber gar nicht ein
sich deswegen zu grämen
sie sind die fröhliche
Bande noch immer
und schenken sich ein
Tr-r-inkt!
hallt es durch die Nacht

Tr-r-inkt!
Brüder
Tr-r-inkt!

Lisi:

Halbzeit längst vorbei
es ist der achte Monat angesagt
Magnolien halten sich nicht daran
sie blühen als wäre es Frühling
dabei hat gestern jemand im Haus
seine Skistöcke überprüft
und es wird
eine Teststrecke eingerichtet
die braucht kein Streusalz
im Winter wird sie beheizt
das kostet zwar nicht wenig
doch viel Gewinn
verspricht man sich
auf Dauer
denn man ist schlauer
als die Natur
die will vereisen
obwohl man reisen will
das geht doch nicht
wir leben schließlich heute
es gibt genügend kluge Leute
die werden es schon richten
die wissen sogar
wie man Eisberge
zum Schmelzen bringt
das hat es früher nicht gegeben

da lebte man so vor sich hin
und kannte keinen Smog
na klar man nannte sich Barock
und fürstete den ganzen Tag
ernährte sich an langen Tafeln
und hörte nicht mehr auf zu schwafeln
man liebte Prunk und Pracht
bis man die Nacht für sich entdeckt
da wurde man antiker
verbannte viele Farben
sah vieles klarer
auch wahrer
ich weiß es nicht genau
ich lebe schließlich heute
man sieht nicht mehr
schwarz-weiß
da ist im Winter Winter
im Sommer ist es heiß
alles ist sehr viel bunter
als das was einmal war
die Welt zeigt sich in Farben
und die sind wunderbar

mein Malset hat jetzt
hundertzwanzig Farben
die kann ich auch noch mischen
wenn ich will

Eike:

Genau!
sprach der Pfau
und setzte sich in Positur
bin ich doch schließlich auch
ein indischer Hühnervogel
wo wolltet ihr denn hin
mit euren Farben
wenn es uns nicht gäbe
von den Frühstückseiern
ganz zu schweigen
und ein Brathähnchen
ist schließlich
auch nicht zu verachten
also wieder ran an die Tafel
verhungerte Gespenster
waren gestern
Winterspeck ist angesagt
man kann nicht
früh genug vorbeugen
wozu hat man denn
die Skistöcke rausgekramt
also in die Knie
und eins
und zwei
und beugen
vor
und zurück
aber nicht übertreiben
das heißt
bei Kräften bleiben
irgendwer

muss schließlich
die Staffelei
an den See hinaus tragen
und die Palette
die Pinsel
und die
hundertzwanzig Farben

der Tag
verspricht sich ...

weiter
ist er noch nicht gekommen

(er schielt nach dem Eierkocher)

Lisi:

Zwischen
drohender Autohupe
und rettendem Randstein
läuft mein Hund
die Straße entlang
und sucht die Stelle
sich niederzulassen
dafür ist hinterher
die Plastiktüte gut
sinniere ich derweil
und gestehe mir ein
dass Plastik
nicht ohne weiteres
ersetzt werden kann

ein möglicher Fortschritt
scheitert
am Sauberkeitsempfinden
der Menschen
was für ein Drama!

Eike:

Und ich schweige dazu
und überlege mir stattdessen
ob es tatsächlich
Marie Antoinette
gewesen sein könnte
die den flauschigen
Maine-Coon-Katzen
den Weg über den
Atlantik ebnete
ich verwerfe das
zugunsten der Geschichten
vom Captain Coon
der stets
wenn er an Land ging
von seiner Schiffskatze
einem stattlichen Kater
dessen Name leider nicht
überliefert ist
- ich will ihn einmal
Captain Hook
nennen -
begleitet wurde
und wenn sie dann wieder
in See gestochen waren

und die Zeit herangekommen war
dass die Kätzinnen
der Hafenstadt
ihre Würfe zur Welt brachten
flauschige Riesenbabys
mit lustigen Puschelohren
da schlugen die Leute
ihre Hände
über dem Kopf zusammen
und riefen:
Mein Gott!
Schon wieder diese Coon-Katzen!

Lisi:

So eine Coon-Katze
hat was
und
-wenn Captain Hook der Vater ist-
auf jeden Fall
Stil
kein Wunder
dass sie sich
ähnlich
wie ein Hund
benimmt
ich kenne eine
die erzählt Geschichten
von Pünktlichkeit und so
und jeder glaubt sie
auch das Krokodil
von Captain Hook

das wurde erst neulich gefragt
und meinte man könne
den Wecker danach stellen
so sehr stimme es
man sieht also
wie wichtig ein Krokodil ist
und nicht nur wegen einer Handtasche

Eike:

das liegt wohl an den vielen Zähnen
die benutzt so ein Krokodil
wie eine Perlenkette
einen Rosenkranz
darum immer so ein
vergeistigter Blick
in seinen Augen liegt
du näherst dich dem Pool
du glaubst
es schläft
doch dann
schnappt es zu
heimtückisch
wie ein Jesuit

Lisi:

Wenn mir einer schwarz als weiß definiert
oder umgekehrt
das tut nichts zur Sache
jedenfalls wenn ich es ihm glaube

obwohl ich das Gegenteil denke
bin ich dann ein schlauer Junge
oder bin ich ein dummer Jesuit
und reingefallen
- nicht in den Krokodilstümpel -
in den absoluten Gehorsam
der katholischen Kirche

ich persönlich jedenfalls
könnte niemals Jesuitin sein
erstens gibt es sie nicht
- was besagt dass Frauen klüger sind -
zweitens konnte ich schon
in Exerzitien
die sieben Tage dauerten
meine Klappe nicht halten

Eike:

Exerzitien
das stelle ich mir so vor
wie damals als ich
durch einsame Wildnisse
wanderte
eigentlich
war da ja keiner
also -
kein Mensch
und ich hätte schweigen können
und laufen
und laufen
aber da waren dann ja

doch welche gewesen
- keine Menschen -
Klapperschlangen
und Bären
und da hieß es immer:
make noise!
und weil ich nicht
mit Trillerpfeifen
tirilieren wollte
in der Einsamkeit
hab ich eben
Reden geschwungen
wie Ronald Reagan
(ja, so lange ist das her)
und ihnen erzählt
dass demnächst die
Rocky Mountains
bombardiert würden
da sind die Bären
ganz erschrocken
weggelaufen
und die Klapperschlangen
haben sich verkrochen

Lisi:

Exerzitien sind noch schlimmer
denn wären dort
im Kloster
Bären und Klapperschlangen
ginge es noch
die könnte man hinterm

Ofen hervorlocken
und allerlei Spiele
mit ihnen machen
aber wie ich las
hast du sie ja vertrieben
also in Exerzitien sein
hieß für mich
zuhören wenn einer predigte
und sich nicht äußern dürfen
und das Ganze fand statt
da war ich siebzehn
und Ronald Reagan
kannte mich gar nicht

Eike:

Was begnügst du dich mit dem Bach, wenn dir
das Meer verheißen ist?
So lockt das Erzbistum Hamburg.
Mich.
Zu den Exerzitien.
Versucht.
Mich.
Zu verlocken.
Mit einem Wort Gottes.
Das 'verkostet' werden soll.
Auf dass der Stress und die Hektik des Alltags
von mir abfallen mögen.
Also bitte.
Ich sitze am Bach.
Weil es mir so gefällt.
Weil der Bach mir gefällt.

Das Meer gefällt mir auch.
Manchmal habe ich Sehnsucht nach dem Meer.
Dann fahre ich als Meer.
Ansonsten bin ich mit dem Bach ganz zufrieden.
Aber - halt!
Ich weiß schon, was die mir sagen wollen.
Dass es die eine große Wahrheit gibt.
Oh Kinderlein kommet ...
Wenn es nur das Erzbistum Hamburg wäre.
Aber sie haben ja alle die Wahrheit gepachtet.
Und das Recht.
Und die Gerechtigkeit.
Da lasse ich doch lieber den Bach den Bach runterlaufen.
Bis ans Meer.

Lisi:

Warum darf ich nicht zufrieden sein
mit dem was mich zufrieden macht
dass ich mir selber wohlgefällig bin
und nicht dem großen Unbekannten
es kommt für jeden eine Zeit
da ist er mit sich selbst im Reinen
nicht selbstzufrieden nein
das ist es nicht
man hat sich an sich selbst gewöhnt
und nimmt sich an
weil man erkennt
dass es nichts bringt

sich gegen sich zu stellen
und wenn ich meditieren will
vertraue ich mir selbst
ich werde schon zu irgendetwas kommen
allein dass ich noch denken kann
ist doch beachtenswert
ich schweige eine Weile
und spreche dann soviel ich will mit mir
in meinem Innern findet immer etwas statt
und alles was ich gar nicht lösen kann
weil ich alleine nicht drauf komme
das spreche ich bei andern Menschen an
und wenn ich irgendwann mal keinen
Menschen hab
dann ist das traurig
doch dann ist das so
dann spreche ich mit mir
solang ich denken kann
hab ich es bei mir gut

Eike:

Nachdenklichkeiten
ein Besinnen
es spült das Leben sich
so gerne fort
ergießt sich in Nebenbäche
Rinnsale verflüchtigen sich
versickern im Sand
du hättest es sehen müssen
schimpfte ich mit mir
wissen unbedingt

es war so offensichtlich doch
blind bin ich gewesen
wie ein Maulwurf
der unter einer Betondecke
hochzugraben versucht
das Gespür
war mir abhanden gekommen
der Blickwinkel verstellt
unnützes Möbelwerk
an allen Enden
Perserteppiche
dutzendfach
übereinandergeschichtet
Schönheit versenkt
im Staub dazwischen
sich aufzufinden
aufzuraffen dann
das Gerümpel
beiseite zu räumen
zu erkennen
dass zur Liebe
Liebesherzen gehören
keine steinernen Monumente

Lisi:

Man kann sich gut verirren
auf seinem Lebensweg
viele unbekannte Orte
die man nach dem Finden
einsortiert
lohnt sich das Wiederkommen

oder streicht man sie gleich
aus dem Gedächtnis
wird man eigentlich immun
gegen Betroffenheit?
wenn man den Kopf
richtig hält
kann man auch rückwärts
vorwärts kommen
wie ein Schwirrvogel
oder eine Fledermaus
die verirrt sich nicht so schnell
mit ihrer eingebauten
Echolotung
nur bei Windrädern
die der Mensch erfunden hat
gerät so ein Tier in Gefahr
es hat nicht mit der Lieblosigkeit
des Menschen gerechnet
dem ist es gleich
ob Vögel oder Fledermäuse
durch ihn sterben
Hauptsache der Profit stimmt
dann kann sich der
ach so gescheite Mensch
viele Navis kaufen
die werden ihm
den Weg
schon zeigen

Eike:

doch verlasse ich mich
auf meinen VerirrungsSinn
bin ich ein Liebhaber doch
der verpassten Ausfahrten
verästelten Umwege
die mich auf AndersWege führen
ungeahnte Landschaften eröffnen
neuen Eindrücke
ungeahnten Erlebnisse
entgegenführen
da findet sich eine Welt
ungepflückter Pflaumenbäume
ich halte an
weil sich vor mir
eine Absperrung befindet
ein Schild von einer
einhundert Kilometer langen
Baustelle kündet
nach einem langen
staunenden Schweigen
es wird wohl eine Viertelstunde
vergangen sein
- mindestens -
bis ich die Botschaft des Schildes
in seiner ganzen
Tragweite erfasste
steige ich aus
eine Wegwarten am Wegesrand
leuchtet mir
einen freundlichen Gruß entgegen
ich habe sie nicht sofort erkannt

musste mein Handy
zu Hilfe nehmen
immerhin gab es
einen Empfang
die Wegwarte also
- erfuhr ich -
könnte mich
von Haarausfall befreien
doch meine Haare wuchern
wie verrückt
das wird wohl so bleiben
Hautunreinheiten
- nun ja -
die Pubertät
das aber ist schon
eine geraume Weile her
ich hatte auch nie
wirklich Probleme damit
wenn ich es jetzt
so recht bedenke
und doch sehe ich mich
der Verzweiflung
- was sage ich -
dem Wahnsinn anheim
gegeben
vor dem Spiegel stehen
und den einen
wirklich
unerhört
in flammendstem
rot
weithin
strahlenden

aller Welt
meine Verunstaltung
kündenden
diesen einen
mein Schicksal
ein
und
für alle Mal
besiegelnden
mich
dem Untergang
preisgebenden
PICKEL
vor mir
ein Entsetzens
Schrei
ich
grinsend
wie blöd
ErinnerungsTrunken
beschließe
einen Zichorien-Kaffee
mir zu bereiten
wie lange es
wohl brauchen wird
eine einhundert
Kilometer lange
Baustelle
abzuarbeiten?

Lisi:

Er saß im Park
mit Schimmelkäse
auf dem Brot
in seiner Not
weil der Geruch
viel lauter war
als das Gezirp der Vögel
aß er sein Brot
so schnell es ging
ein Schmetterling
flog auch an ihm vorbei
ohne zu niesen allerdings
das wäre auch zu schlimm gewesen
er hatte mal gelesen
dass butterflies nur niesen
wenn sie erkältet sind
vielleicht dass mal der Wind
zu kalt
auf jeden Fall
als er grad aufgegessen
kam eine schöne Maid daher
und setzte sich
dicht neben ihn
er überlegte kurz
zu fliehn
doch tat es nicht
er hielt das Butterbrotpapier
vor sein Gesicht
um seinen Atem zu verstecken
doch weh und ach
was musste er entdecken

das Butterbrotpapier
roch auch nicht gut
es hingen Schimmelreste dran
der arme Mann
was musste er erleiden
er schielte nach der schönen Maid
denn die war weggerückt
und packte sich
ein Pizzabrötchen aus
bald roch es fürchterlich
nach Knoblauch
und der Karton vom Pizzabrötchen
der roch auch
da hat der Mann alle Register gezogen
er bat um den Karton
und legt das Butterbrotpapier hinein
das Päckchen landet elegant
in einem Abfalleimer
in der Nähe
da staunte die Krähe nicht schlecht
was ihr da vor die Füße fiel

Eike:

Es könnten sich
Tiefpunkte bilden
wie beim Wetter
wenn sich drei alte Damen
die Alexandra
die Britta
und die Cäcilie
hoch überm Atlantik

zum Kränzchen treffen
und dann
wie es so geschieht
flüchten sie wieder voneinander
die Alexandra erhebt sich
'muss mal nach den Enkeln
in Bremen sehen'
die Britta hat Verwandtschaft
im Münsterland
und die Cäcilie
die sich nun einsam fühlt
überlegt sich
die Großnichte
in Berchtesgaden
heimzusuchen

Und die Moral von der Geschicht:
Wohl dem
der über eine reichhaltige
Verwandtschaft verfügt
und lebt sie verstreut
übers ganze Land
haben wir alle
etwas davon

Lisi:

Wer zählt eigentlich
zu den Verwandten
nicht nur die Onkel
oder Tanten
auch die Affen

rufen hurra
und schubbern sich
das Lausehaar
und die Neffen oder Nichten
wissen auch
sich einzubringen
doch vor allen Dingen
sind es die Cousinen
die sind meistens hübscher
als Cousins

je länger ich bedenk's
allen ist gemeinsam klar
Verwandtschaft
ist ganz wunderbar
nur der Opa ruft von hinten
und wedelt mit dem Stock
ich hab kein Bock
und meint damit
nicht nur das Bier

Eike:

Nun haben die Hopi
ihre Kachinas tanzen lassen
doch die Wetterstation
von Flagstaff meldet
Sonnenschein
und Waldbrandgefahr
irgendwas muss
schief gelaufen sein
die Wolken sind alle

zu uns herüber gezogen
und regnen sich ab
macht aber nichts
wir an der Küste
sind es gewohnt
Wasser von unten
von oben
von allen Seiten
es ist höchstens
etwas modderig geworden
am Teich
wo die Martha Vogeler einst
so nixengleich poussierte
im Museum haben wirs
trocken und warm
Regenbilder konnten sie
alle malen
der Modersohn
der Overbeck
der Hans am Ende
die werden wir dann
mit der Gegenwart vergleichen
draußen
spielt ein Leierkastenmann
sein traurigstes Lied
- doch: Halt! -
der gehört eigentlich
nicht dazu

Lisi:

Geheimnisvolles
Arkadien
übermäßiges Sonnengold
glüht sich
hinter weidenden Schafen
langsam aus
befreit stehen Hirten
vor
einem
verblichenen Horizont
vordergründig
in Erwartung
der Mondsucht
ein Versuch
lachender Lippen
das Gras
zu bespielen

Eike:

Reiseführer: Arkadien

Arkadien ist da
wo wir sind

eine Luftfächerung

aus der Luft heraus
ist alles zu schaffen

du kannst es mit einer
Geste untermalen

wenn dir danach ist

eine leichte flüssige
Bewegung des Armes
eine Drehung inwärts
die Hand die Finger
zur Brust zum Herzen
gerichtet

eine Implantation

es ist eine Show
die du vor dir selbst
abziehst

sie ist nicht
auf ein Publikum
gerichtet

nun geht es los

die Implantation
hat stattgefunden
das Wort
ARKADIEN
ist aus der Luft
gegriffen

alles weitere
ist Sache der

Imagination

du kennst den Begriff
'et in Arcadia ego'
was nichts weiter bedeutet
als dass es den Tod
auch in Arkadien gibt

das ist gut zu wissen

du kannst es abstreiten
leugnen
nichtig machen
es liegt an dir
Imagination

Hirtenidylle
Jungbrunnen
niemaliges Altern
tanzende Schäferinnen

warum nicht?

eine Wiese
eingebettet
zwischen Hügeln
in einem Tal
im Bergischen Land

ein Stückchen Kunstrasen
Kunstgras Deko
25 x 25 cm
du kannst

eine Glaskugel darauf stellen

du kannst dich hineindenken

eine Welt im Glas
ein Meer in Flammen
schillernde Farben
vielfach gebrochen

ich sehe dich
vor einem Gemälde
dich betrachtend

das ist das meine

Lisi:

Gut vorstellbar
die ganze Welt
in einer Kugel aus Glas
mit Vanillegeruch
es soll doch auch
der Geruchssinn
etwas zu tun haben
sowie ein ständiger Wechsel
zwischen Vanille und sagen wir
Holunder oder Tanne/Fichte
mit Zimt
denn ein Weihnachtsbaum
muss unbedingt dabei sein
irgendwo in der Welt
stößt jemand mit dem Kopf

an die Kugelwand
weil er den Mittelpunkt sucht
tritt er zu nahe heran
ob da ein Stern ist
oder ein Schriftsteller
der Korrekturen liest
und sich dabei in
neuen Ausdrücken wälzt
dabei fällt er aus dem Rahmen
doch nicht
aus der Kugel
aus ihr fällt nicht mal
der Tod
denn außerhalb
hätte er nichts mehr zu tun
das Leben
findet nur innen statt
also auch er bleibt
auf der Suche
nach
Arkadien
inmitten sich kreuzender
Kondensstreifen
zerfranst sich das
Weiß in Vergänglichkeit
sagt jemand
der stets
schlechte Erfahrungen
sammelt
Arkadien
ist mehr
wie eine
Pusteblume

in Plexiglas
die wird schon wissen
wie sie hineingekommen ist
und war vorher
nicht tot

Eike:

Und so bleibt uns
die wir im Glashaus sitzen
die Illusion
eines Lebens ohne Tod
außerhalb unserer Sphäre
des glitzernd Lichtgebrochenen
dort müssen stabilere
Verhältnisse herrschen
denken wir
eine Welt der Elfen
ein ewiges Dahinschreiten
in Gesang
auf weißen Zeltern
unter barchentenen Baldachinen
blühende Wiesen
zu allen Seiten
endlose Wälder
Ursprung und Inspiration
einer Melancholie
die sich mit der
ausweglosen Abgeschiedenheit
der Sterne misst
die schimmernd gülden
ihrer Einsamkeit

Schildknappen sind

Im Antlitz der
schwarzen Ratte
das durch unzählige
Pestbeulen entstellt ist
schimmert das Lächeln
des Bösen auf

des Bösen
das nichts
als das Böse kennt

Lisi:

Aufgekrempelt
bis zum Ellbogen den einen Ärmel
der andere
fällt über den halben Handrücken
ihr ist es nicht weiter wichtig
mit der ärmellosen Hand
fährt sie sich durchs Haar
auf ihren Knien
der Spiegel mit
10fach Vergrößerung
ab und zu ein Blick hinein
zum Nachziehen zu spät
aber insgesamt ein
Naja nennt die Dinge
beim Namen
wie sie nunmal sind
kalter Kaffee später

wegen unbefriedigenden Geplänkels
am Telefon
die Luft riecht
nach abgestandenem Staub
schon wieder Sonnenblumenzeit
alle Welt erwartet
ihr lebhaftes Interesse
dabei hasst sie den gelben Staub
der auf dem Tisch liegt
und sich nicht einfach aufnehmen lässt
er verwandelt makellos in
schmutzige Schlieren
draußen hätten die Vögel
doch viel mehr Spaß daran
oder die zuvor
bestäubte Tiefe
wie sie sich kräuselt
wenn die ersten Tropfen fallen
ins verlorene Gelb
dann hält sie die Ohren sich zu
weil sie an falsche Töne denkt
sieht einen Totenkopf
mit einem Madengespinst
im linken Auge
herzseitig
vergisst sie meist
sich näher zu betrachten
da fällt
ihr auch
der unaufgekrempelte Ärmel
nicht weiter auf

Eike:

Bücherstapel
aufgeschichtet
das sind die
die unbedingt
gelesen sein wollen
es hängt ein Ticken
in der Luft
das ist die Zeit
ein dicker Brummkasten
der sich mahnend
zu Wort meldet
bald
antworte ich
verbessere mich
zu einem
demnächst
blättere
in Otto Modersohns
Zeichnungen
schön
hat er das gemacht
ein Werden
mit dem Rötelstift
ein tägliches
Kommentieren
zeitlos hingegeben
unaufgeregt
recht so
daran werde ich mir
ein Beispiel nehmen
es gibt eine Stille

dazwischen
wenn die Standuhr
ihr Pendel suchen geht
das hat sich fehlgegangen
im SpinnwebWinkel

Lisi:

Für dich einen Wolkenkuss
heute nur Zärtlichkeiten
der Tag soll wissen
dass ich ihn mag
ich denke an dich
keine Flüchtigkeit
bist du mir
in deiner Sanftheit
verschlossene Stunden
die sich deinetwegen
öffnen

manchmal mitten
in der Nacht
wenn sich das leichte
Getuschel der Bäume verfliegt
und der Mond
zu wandern beginnt
denke ich mich
in unseren Stern
und werde ruhig dabei
wie kostbar
die Gedanken an dich

dass es die Sehnsucht ist
die mit den Uhren
um Zeit ringt
wie verletzlich
alles ist
die Pappeln
sind leise geworden
ankommende Flugzeuge
dürfen nicht schwanken
wie das Zittergras
im Luftzug des Windes

nicht größerdenken
das Seiende darf bleiben
es muss sich nichts erneuern
alles ist gut
die Sonne
die sich federleicht
auf den Thymian legt
der Olivenbaum
der seinen Schatten
nur unvollkommen
weiter gibt

Für dich einen Wolkenkuss
keine Tränenperlen
im dämmernden Morgen
Sonnenlichter auf der Knospe der Rose
der Mehltau auf dem Blatt
eine Nichtigkeit
die klein bleiben darf

das Schweben hat sich
in mich verliebt
behutsam
küssen wir uns

Eike:

Das sind die klingenden Bäche
die haben sich ihr Bett gefunden
vor langer Zeit bereits
behaglich darin eingerichtet
zufrieden mit sich
und dem Lauf der Dinge
sofern wir Menschen
sie nicht stören
ihren Drang
nach Freiheit hemmen
sie kanalisieren

Es verstehen wir Menschen
nichts
sehen nicht
dass eine Ordnung
gestaltet war
setzen unser eigenes
Selbst dagegen
das ist so klein
doch wir machen
Riesen daraus
mit riesigen Flügelarmen
die schlagen hektisch

Darum lass uns verweilen
an diesem Bach
den wir uns entdeckten
ohne Eile
lass uns hören
zuhören
was er zu erzählen hat
wir werden uns spüren
in einer Welt
wo Kiefernzapfen
und Tannennadeln
einen Duft verbreiten
der uns schläfrig
werden lässt
unsere Augen
verschleiert
werden sich suchen
in einem Erkennen begreifen
während die Steine rollen
zu Tal
ein gleichmäßiges Spiel
ein Fließen
eine Melodie

Da ist
keine Ungeduld mehr
kein Wollen
ein Ahnen
ist Gewissheit genug
ein Herzschlag
und eine Umarmung

Lisi:

Schatten verbiegen
getarnt als große Büsche
der Seitenweg führt nicht
geradeaus
er schlängelt sich
vorbei an Tümpeln
die altem Wasser
neue Steine brachten
die ungeschlachten
groben Felsmassive
in denen leicht und zierlich
Gämsen springen
auf Felsvorsprüngen
sammelt sich ein Nebelrest
bevor er über Klippen springt
saugt sich die feuchte Luft
an Gräber im November
erzählt der alte Mann
im Meer von Einzelkämpfen
gedämpfte Stimmung
vor der Sicherheit
die Füße tragen weit genug
ein neues Leben
legt den Selbstbetrug
ganz öffentlich daneben
dass er sich selber
aus dem Rennen nimmt
ein Unbedingt erwacht
und blendet sich
Gedanken in den Tag
der Ufer in die

Überschwemmung stellt
fällt milder Wind
auf Schilf
das eine neue Grenze
zieht
und Wolkenberge
die im Wasser liegen

Eike:

Hoch droben im Schloss
auf der Felsenkuppel
sitzt er einsam gespalten
grübelnd in tiefes
Sinnen versunken

Kein Geringerer ists
als Beelzebub
der Fürst der Fliegen
er langweilt sich
ein 'ennui'

Er gähnt
er windet sich
in seinem
schlangengleichen
Körper
es wäre ihm
an einem echten
Gegenspieler
gelegen
einem

der ihm
Paroli bietet

Er wartet
erwartet
vergebens
er erstickt
an seinem
'ennui'

Lisi:

Knecht Ruprecht hätte er
werden können und
Bart Simpson
Freude bereiten
doch weil er
keine Phantasie
musste er sich
ins Nichts geleiten
hätte er doch
auf den Teufel gehört
und hätte ihn
sich ausgetrieben
dann wäre er
vielleicht geblieben
ein Dämon
der den Mist beherrscht
der seine Fliegen
angewiesen
den König Kunibert
zu stechen

doch weil er sich
zum Schluss verstrickt
und sich der Völlerei hingibt
musste er
ohne Paroli
ersticken

Eike:

Was für ein Glück
dass Potentaten
selten Dichter sind
sonst käme ihnen
womöglich noch
ein Einfall
wenn sie mit ihrem Latein
am Ende sind
würden womöglich
auf Griechisch
verfallen
persischen Opferriten
huldigen
Kameleoparden
durch die Straßen treiben
nein
siehst du
es fällt ihnen
ja doch nichts
Gescheites ein
So müssen sie
in ihrem eigenen
Saft schmoren

bis in alle Ewigkeiten
'es selbst
durch sich selbst
einzig Eins
immerdar
und einig'
wie Plato sagt

Pluto
hätte längst
den Knochen verbuddelt
und
Männchen machend
mit unvergleichlich
treudoofen Augen
um einen neuen
gebettelt

und ihn auch bekommen

die Wissenschaft
nennt das
Effizienz

Lisi:

Dein durchnässter Schatten
vor dem Haus
hat sich entfernt
hat dem Ort
jenes Sinnbild genommen

das für den Zweifel stand
eine Phantasie
zwischen den Tagen
nichts das sich hört
außer mein Gehen
hin und her
auf der Suche
nach dem Verstand
auf Nähe stoßen
die nicht schwarz ist
unergründlich deine Augen
in der Erinnerung
geöffnete Fenster
im Sternschnuppenfall
Irrlichter nicht wahrgenommen
die Nacht war zu schön
ich ziehe sie mir
wieder
in die Linie des Horizonts
dahinter bist du

Eike:

unter breitem Fächerdach
eines Kastanienbaumes
Regenbanners
warte ich

im Schutz des Baumes
ein gelegentliches Tröpfeln
von den Blättern herab
es klingt wie ein Präludium

in Feuer und Fantasie
geboren sind wir
Kinder der Sternennacht
ein majestätisches Glimmen

Glühwürmchen sind es
die erwacht
freudetaumelnd
uns umschwirren

Lisi:

Kennst du auch
diese unscheinbaren Hecken
die die Dornen sich verstecken
wenn es dunkel wird
immer leiser wird
ihr Blätterraunen
ein gewagter Sprung
der dich hinüber bringen soll
lässt dich mitten in der Nacht
in Himbeerranken staunen

Weißt du auch
um die Launen der Natur
die den Sturm
für übertrieben hält
bei HimmelsFlügen
als der Drachen
etwas näher
an die Wolken steigt

lässt der Wind ihn los
und kippt ihn einfach um

Siehst du auch
das geheimnisvolle Bild
das den Zauber
einer ganzen Nacht beleuchtet
in den schwarzen Tannen
haust Magie
weil die Turmuhr
nicht zu gehen weiß
irrt sich der Kauz
man sieht ihn nie

Eike:

es ist nur eine Form von Mimikri
weil der Kauz
der Turmuhr gleicht
die in Gedichten
und Geschichten
eine Einheit bilden

wenn du heimwärts schleichst
und nach der Turmuhr schielst
siehst du den Kauz
und siehst
wie die Bäume sich verneigen

es wird dir - irgendwie -
ganz blümerant zumute
was unbedingt

zur Himmelsfarbe passt
und zum bleichen Mond
der sich
ganz wunderbar
in dir ergänzt
gib es nur zu
es war der Wein

andererseits
siehst du den Totenacker dort
Totenacker
ist ein schönes Wort
dort spielen die Gespenster
Rugby
mit jemandes Kopf
der hat sich vergessen
vermessen
wie du

du eilst rasch fort
von diesem Ort

Lisi:

Das Verneigen der Bäume
in uferlosen Notenbüchern
spielt der Wind
der sich die Blätter nimmt
er dreht sich um und geht
bevor zum Sturm er wird
und in Robinien wütet

während Kinder
Kreidestriche ziehen
und Schätze in kleine
Kästchen legen
während der Abend
noch schüchtern
kleine SilberWolken schickt

umarmt von Gefühlen
fällt uns der Himmel entgegen
als hätte die Nacht ihn
in Sehnsucht gelegt
Sternschnuppen aus ihm gemacht
leise wecken sich Illusionen
der Morgen löst sie nachsichtig auf

Eike:

Dieser Morgen der
spielt Mundharmonika
ein kleines altmodisches Stück
ich hatte es fast vergessen
und doch kehrt es zurück
ein Eintauchen in Uferböschungen
die Steine die ich
ins Rollen brachte
während ich zum Fluss
hinunterstieg
mühseliger Balanceakt
aufpassen dass ich nicht

auf Spitzen trete
in Ritzen gerate
mir die Knöchel zerschramme
vielleicht war ich verliebt
vielleicht unglücklich
nachdenklich in jedem Fall
und dann das Schiff
das vorüberfuhr
und diese Melodie
während ich saß
versteifte sich
die Langsamkeit
von Nord nach Süd
von Süd nach Nord
wenn doch der Himmel
nicht gar zu blau
werden wollte
doch an den Rändern
ein schwerblütiges Grau
das auszufüllen bleibt
das Schiff
und die Melodie
entgleiten
ein Wellenschlag noch
der meine Füße umspült
das Grau wird
...

Lisi:

In gesammelten Erkenntnissen
suche ich nach Wissen
die nächsten sieben Jahre
stehen an
dann stellt sich alles
auf den Kopf
Meerblau wird zu Himmelsblau
Wolken werden zu Inseln
jedenfalls denke ich es so
dass die Erde sich
aus dem Kreis bewegen muss
anders ginge es doch nicht
oder irre ich mich so

Eike:

Da sind Kormorane
die tief
über dem Wasser fliegen
unheimlich sind sie mir
als hätte sie jemand geschickt
der Unheil plant
Boten einer anderen Welt
einer tieferliegenden
ein Interpunktionsstrich
jenseits dessen
das Mögliche beginnt
es gibt Märchen
die nicht wie Märchen sind
Albträume Abgründe

ohne es war einmal
es ist
und es wird kein
wenn sie nicht geben
denn sie werden
und ich mit ihnen
fürchte ich um mich
auf einer Insel
mitten im See
im Schilf verborgen
brüten sie Schrecknisse aus
Ungeheuer
die packen mich
bei der Kehle
ich trete aus dem
Schatten heraus
da ist Licht
da sind Menschen
doch das Sehen bleibt
wie in trüben Bächen
heimlich
pocht es weiter

Lisi:

In verschiedenen Sprachen
raunen die Bäume
Baldachine über
verwurzelten Ankerplätzen
ein Missverständnis
nach dem anderen
wankt bedrückt

den schmalen Weg
des Atemholens
in der Ferne
die Schleuse
des alten Kanals
wie gut
dass es sie gibt
und die mannshohen Hecken
aus Wildlingen
zuverlässig jedes Jahr
ohne Schnitt
wuchern sie mit ihrem Leben
mittendrin der Brombeerstrauch
deren Früchte kein Mensch
abpflückt
schräg gegenüber
hat die Kanalwand
Flugrost angesetzt
dein wissender Blick
in den morgigen Tag
wie verloren
der Vogelruf sein wird
der Sturm hat
ganze Wälder
hingerichtet
mein geliebter Kastanienbaum
seit Kindertagen
wusstest du um mich
jetzt kannst du mich
nicht mehr
beschreiben
deinetwegen
trauert mein Tag

Eike:

Prüfende Blicke
Tastarme sende ich aus
wie eine Qualle
die ans Ufer treibt
wohlwissend
ihrem Untergang entgegen
ein letztes Leben Atem Holen
Gefühle
die namenlos
zugrunde gehen
unbeklagt
spielende Kinder
werden mein lebloses Sein
achtlos auf die Schaufel legen
schaufeln mir
ein Grab im Sand
eine Kinderhymne singend

in den Gezeitenwirbeln
spül ich mich zurück
ein Perpendiculum

Lisi:

Die leisen Gedanken
wenn sie lauter werden
und sich überschlagen
weil ihr Drängen
alle bisherigen Wichtigkeiten
übertüncht

auf den Schienen
verschnürte Päckchen
ehe der Zug sie überrollt
von jemand
aufgesammelt
über die Mauer geworfen
aufgeplatzter Himmel
in verschiedenen Farben
zerfließt am Boden
verläuft sich in zwei
nebeneinanderliegenden Gullys
während die fremde Stimme
sich erhebt
den Frühling
in kahlen Bäumen
zu schildern

Eike:

Eine schlechtgelaunte Krähe
hartnäckig
aber weit genug weg
um wirklich zu stören
die Sonnenblumen
sind schon fast verblüht
die Äpfel reifen
sie leuchten
in der Sonne
jetzt
schickt sie ihre Strahlen
Wärme
heute Morgen

war es eisig kalt
ich dachte schon
ich weiß gar nicht
was
ich war noch
zu verschlafen
nein
ich dachte
ich zieh mir
etwas Wärmeres an
dann wuchs
mein Vertrauen
ich entschied mich
für ein Hemd
über dem T-Shirt
das sollte reichen
das hat mir
die Sonne gedankt
und den Himmel
blau eingefärbt
ein blasses Morgenblau
das aber deutlich
Ambitionen zeigt
die letzten weißen Wolken
streifen
streichen sich davon
die Spatzen flattern
schwatzen
schwirren
der Reiher kommt
eingeflogen
zu Nachbars Teich
ein treuer Morgengast

ich weiß
dem Nachbarn
ist nicht wohl
dabei
die Krähe
macht jetzt Schluss
es gurren die Tauben

Lisi:

Nichts ist verloren
irgendwo ist alles gespeichert
zum Glück
sagt einer
der nicht ahnt
was es bedeuten kann
wenn der Speicher
unauffindbar ist
das Verlorene
an Orten auftaucht
die man vergessen glaubte
die man vergessen wollte
Runen im Herzen
Spuren
die schwer zu lesen
oft überschrieben
geglaubt
an eine Leere
die nicht
existiert
weil alles
was ist

Spuren
hinterlässt
auch die Leere
die keine ist
...

Eike:

ist keine Leere
ist immer etwas da
und wenn es noch so
nebensächlich wäre
Gespräche zu belauschen
wo es um die Banken-
Rettung geht
und die vielen Billionen
und die Einsicht
'wir ändern ja doch nichts'
und
'auf Wiedersehen!'
ich muss dann auch mal
meinen Horchposten
verlassen
die Bahn fährt ein
ich denke
an etwas Kühles
zu trinken
und an die Kunst
die in Baugruben
versickert
könnte aber auch sein
dass sie eben

daraus aufgestiegen ist
muss mal überlegen
vielleicht
liegt sie in
South Carolina
auf der Lauer
oder im Jemen
was sehr
unwahrscheinlich wäre
aber mir ist heute so
nach OptimistischSein

Lisi:

Wenn es im Unterstand rumort
weil die Kaninchen
ein Happening veranstalten
und der rosarote Himmel
ein wenig nach Gras riecht
dann ist es vorbei
mit dem Pessimismus
dann tritt ein Mann unter den Torbogen
und schaut optimistisch
nach oben
heute ist Grillwetter
ruft er
und legt die Fliegenklatsche zurecht
später
nach schillernden
Fliegen zu jagen

Eike:

Es gibt sonderbare Gelüste
die führen zu merkwürdigen
Eindrücken
es gibt welche
die liegen in
König Alkohols Armen
und sehen dabei aus
wie Engel der Glückseligkeit
mir gelüstet es danach
einen Schachgrossmeister
en passant
zu vernaschen
es ist natürlich
nicht ernst gemeint
ist doch alles nur
ein Spiel
flüstere ich ihm zu
da wird er
ganz blass um die Nase
ich flöße ihm
ein Fläschchen
Baldrian ein
das stand da so rum
ob das
das ganze Geheimnis sei
will ich nun wissen
da kippt er mir um
und ich steh da
und dreh mir
einen Reim
Rhein

wollte ich sagen
von wegen der
Burgen und Schlösser
die haben Türme
und schicken
Läufer und Pferde
ins Land
während die Königin
in des Ritters Schlafgemach ...
den Ritter hat
der König umgebracht
darum gibt es keine
Ritter im Schach
nur Bauern
und die müssen
schuften

Lisi:

die Form des Lebens
besteht und
fragt uns nicht
ob wir sie mögen
oder nicht und
ihre Unabhängigkeit
erkennen
...
unsere Gefühle
erschaffen ein Bild
und sehen die
Wirklichkeit
die uns eigen ist

fern jeder
Eindeutigkeit
...
das Leben geht uns
nicht einfach verloren
die Werke der Liebe
bleiben bestehen
sie lächeln in Gärten der Freude
die Bilder des Lebens
in Seide gestickt
die Mandelzweige
mit Blüten bestückt
alles darin spricht
von Liebe
...
sprich mir nicht
von Vergangenem
was gewesen ist
ohne Bestand
das Leben kann sich
ruhig beenden
es ist die Liebe
die sichtbar bleibt
es liegt an uns
mit unseren Händen
sie zu vollenden

Eike:

Ich denke mir gerade etwas aus
von der Welt
und dass sie doch

wie ein Kinderspielplatz ist
da gibt es Klettergerüste
und Seilzüge
auf den Klettergerüsten
geht es hoch hinaus
das ist etwas für die Verwegenen
und die Verrückten
und auf den Seilzügen
da geht es über steile Schluchten
und weite Meere hinweg
es hat aber auch
etwas mit Geschwindigkeit zu tun
ein erster Rausch
ein lautes Jubilieren
und auf den Wippen und Schaukeln
da geht es einmal rauf
und wieder runter
das ist ein Kräftemessen
aber du gewinnst
weil du es so beschlossen hast
und wenn du von der
Drehscheibe fällst
dann fällst du eben
und stehst wieder auf
aber nicht vergessen
ein grimmiges Gesicht zu machen
dabei
fällt mir ein
konnten die Rutschen
gar nicht hoch genug sein
Wasserrutschen noch viel lieber
und rodeln
am Liebsten durch den Wald

steil nach unten
und die Bäume rauschen
an dir vorüber
es ist kaum auszuhalten
und dann taucht der Eine
vor dir auf
da knallst du dagegen
und wirst dir eine Beule holen
na und
es wartet da unten im Tal
eine kleine Freundin auf dich
die wird pusten
und pusten
und prusten
weil du solch ein Held bist
prustest du auch

Lisi:

Weil sich das Leben
vorgenommen hat
mich zu verzücken
mit Silberblicken
trägt es
auf hohem Ross
mich in den Wald
dort wohnt
ein schöner Prinzensohn
der wäre gern
mein Held
er hat die ganze Zeit
nur rumgestanden

gewartet schon
auf mich
dass ich
von meinem Ross
mal runtersteige
dass er den Boss
mir spielen kann
nur weil er eine Krone trägt
und Hosenträger
viel schräger
geht es ja wohl nicht
denk ich
und
rück die Brille grade